MISTÉRIOS DESVELADOS

Ensinamentos do Mestre
Saint Germain

**GRUPO ESOTÉRICO
PONTE PARA A
LIBERDADE**®

Direitos autorais do
GRUPO ESOTÉRICO PONTE PARA A LIBERDADE
CNPJ 89.179.253/0001-88
Rua José do Patrocínio, 642
Fone 51 3227.1469 - Fone/Fax 3227.7269
CEP 90050-004 - Porto Alegre - RS - Brasil

Compre nossas obras pela internet:
www.ponteparaaliberdade.com.br

12ª edição: Janeiro/2021

GRUPO ESOTÉRICO PONTE PARA A LIBERDADE®

tem registro de suas marcas
e expressões no INPI.

Reservados todos os direitos.

É proibida a duplicação ou reprodução deste volume, no todo ou em parte, sob quaisquer formas ou por quaisquer meios
(eletrônicos, mecânicos, distribuição na web ou outros), sem permissão expressa da editora.

CIP - BRASIL CATALOGAÇÃO NA FONTE
SINDICATO NACIONAL DE EDITORES DE LIVROS, RJ

M664
9.ed.

Mistérios Desvelados: ensinamentos do Mestre Saint Germain. – 9.ed.– Porto Alegre, RS: Ponte Para a Liberdade, 2005.

ISBN 85-89352-10-2

1. Saint Germain. 2. Grande Fraternidade Branca. 3. Sétimo Raio (Ciências Ocultas). 4. Mestres Ascensionados.

05-774   CDD: 299.93
                  CDU: 298.9

14.03.03   17.03.05   009463

Impresso no Brasil / *Printed in Brazil*

SILVINA ROHDE DIEDERICHS
Fundadora do Grupo Esotérico Ponte para a Liberdade
no Brasil em 21/03/1997

1ª Coordenadora Espiritual

MARIA SOARES CLAUSSEN
2ª Coordenadora Espiritual

ALBA VIRGINIA OPITZ GOMES
3ª Coordenadora Espiritual

DEDICATÓRIA

Esta série de livros é dedicada, com o mais profundo amor e gratidão eterna, ao nosso querido Mestre Saint Germain, à Grande Fraternidade Branca, à Fraternidade de Royal Teton, à Fraternidade do Monte Shasta e Àqueles Mestres Ascensionados cuja assistência amorosa à humanidade tem sido direta e sem limites.

APRESENTAÇÃO E AGRADECIMENTO

Como o ressoar do Cântico das Esferas, possam as cordas mais sensíveis de nossos corações expressar os melhores e mais profundos agradecimentos ao nosso querido Irmão e Mestre Saint Germain, que tão amorosamente nos oferece mais uma obra de suprema e transcendental grandeza.

Que possamos segurar com firmeza e determinação a Sagrada Tocha da Liberdade e, de mãos dadas com esse Ser admirável, participarmos na construção de Sua duradoura Idade de Ouro, que já se está iniciando entre nós.

Agradecemos a *El Libro del Maestro*, à *Asociación Civil pro Enseñanzas Parapsicológicas*, México, pela gentil autorização que nos concederam, tornando possível editarmos mais essa obra preciosa e extraordinária.

POR UM DOS MESTRES ASCENSIONADOS
DA GRANDE FRATERNIDADE BRANCA

AUTORIZAÇÃO PARA DIVULGAÇÃO

Contrariamente ao que se tem dito a respeito de haver o Mestre Ascensionado Saint Germain proibido a divulgação de Seus ensinamentos, temos a grata satisfação de apresentar ao estudante um trecho do Discurso XXX, recebido pelo Raio de Luz e Som no dia 29 de novembro de 1939, e que diz textualmente:

"Eu apreciarei profundamente toda assistência que os estudantes, sob esta irradiação, possam dar, para que os livros sejam editados e postos ante a humanidade, visto ser esse o maior e mais valioso serviço que se pode oferecer neste momento."

Saint Germain

TRIBUTO

POR UM DOS MESTRES ASCENSIONADOS DA GRANDE FRATERNIDADE BRANCA

O momento cósmico anuncia o surgimento de novos tempos, em que a Grande Sabedoria, retida e guardada por muitos séculos no Extremo Oriente, deve vir para a América*, por ordem dAqueles Grandes Mestres Ascensionados que a dirigem, protegem e assistem, expandindo a Luz que interpenetra a humanidade e toda a vida na Terra.

O majestoso Mestre Ascensionado Saint Germain, autor desta série de livros, é um dAqueles poderosos Seres Cósmicos da Grande Legião dos Mestres Ascensionados que governam este planeta. Senhor e Rei da Nova Era da Liberdade, Chohan do 7° Raio, trouxe aos homens, através do Poder Divino da Liberdade, o conhecimento do Fogo Violeta. Há milênios, essa poderosa Chama vem irradiando Sua força de penetração como bênção ao mundo, apenas conhecida e manejada por poucos iniciados e discípulos da Grande Fraternidade Branca.

Com o decorrer do tempo, o beneficente uso desse sagrado Fogo – o conhecimento desse poder – propagar-se-á entre toda a humanidade.

E Ele, a grande e magistral Presença que trabalhou na Corte da França, antes e durante a Revolução Francesa, e cuja advertência, se atendida, teria evitado grande sofrimento, Ele ficou conhecido como "Homem Maravilhoso", devido aos seus poderes transcendentes e divinos.

O Mestre Ascensionado Saint Germain está indissoluvelmente ligado ao passado, presente e futuro das Américas, porque uma importantíssima parte de Seu trabalho sobre a Terra consiste em purificar, proteger e iluminar os povos desse hemisfério, para que possam ser portadores da Taça de Ouro para todas as nações da Terra, na sua duradoura Idade de Ouro, que já está surgindo diante de nós.

A própria libertação das Américas, no princípio de sua existência, foi alcançada graças a seus incansáveis esforços, ao objetivo supremo de proteger e encorajar os responsáveis por esse ideal de Liberdade. O plano da Declaração de Independência dos Estados Unidos foi também um resultado direto de Sua ajuda e influência, e foram Seu amor, proteção e força que sustentaram Washington, Lincoln e Simón Bolívar durante as horas mais obscuras e difíceis de suas vidas.

Esse amado Irmão da humanidade, que trabalha incansavelmente pela Luz e libertação, está, ainda agora, no momento atual, trabalhando em assuntos governamentais das Américas e realizando mudanças benéficas e transcendentes, que as abençoarão e, através delas, todo o planeta.

O povo desses continentes terá conhecimento, dentro de alguns anos, do quanto deve a esse grande Mestre Ascensionado, por mais essa obra de incomensurável valor, e do quanto toda a Terra por ela será beneficiada.

É impossível fazer-Lhe plena justiça ou devotar-Lhe gratidão suficiente, senão dedicando o mais profundo amor, fidelidade, obediência e serviço ao ideal de Liberdade a que Se dedica e incessantemente trabalha há tantos séculos.

PREFÁCIO

As experiências relatadas nesta série de livros, e que eu tive o privilégio de vivenciar, foram possíveis graças à assistência do querido Mestre Saint Germain, que também concedeu Sua permissão para que sejam divulgadas ao público.

Ninguém pode avaliar, a menos que tenha tido, também, semelhante assistência, como é grande e eterno meu amor e minha gratidão para com Ele e Aqueles Outros Mestres Ascensionados de quem recebi assistência e bênçãos ilimitadas.

Com exceção de Saint Germain, os verdadeiros nomes dos Mestres Ascensionados, lugares exatos, registros, datas e tesouros aqui descritos foram mantidos em segredo, intencionalmente – a Seu comando – por razões evidentes, porque somente pelo serviço de Amor e convite dos Mestres Ascensionados, obtém-se o direito de estar com Eles em corpos animados, visíveis, tangíveis e viventes. Qualquer outro meio de aproximação com esses majestosos Seres de Luz está sujeito ao fracasso, porque a Grande Presença e Poder que Os protegeu através dos séculos, guarda-Os ainda.

A pureza, força e realização interna de cada um são os únicos passaportes que possibilitam o acesso a essas atividades – e a conseqüente associação com os Mestres Ascensionados. Quando um indivíduo, pela consciente autocorreção de suas fraquezas, alcança um certo ponto, nada no Universo pode privá-lo dEles.

Existe na América um dos mais antigos Focos da Grande Fraternidade Branca, um dos mais antigos Retiros dos Mestres Ascensionados que têm trabalhado pela libertação dos homens, desde seu advento sobre este planeta. Algumas das atividades dentro desse Retiro são reveladas ao leitor para que ele possa, se estiver preparado, estabelecer contato consciente, através de sua própria Luz Interior, com a Luz Maior que se derrama através desse poderoso Centro de Irradiação Divina; desse modo, bebe uma vez mais na fonte da Sabedoria Antiga e carrega o Cálice de Cristal da Paz, Amor, Força e Vitória para os seus fatigados irmãos.

O propósito de colocar este livro nas mãos do público é transmitir ao indivíduo estímulo e força para erguê-lo e sustentá-lo através do período de transição em que agora nos encontramos, e revelar alguma coisa da sã e sólida estrutura sobre a qual o futuro do planeta e a Nova Era estão sendo, nesta hora, construídos.

Este livro foi escrito na grandiosa presença do majestoso monte Shasta, cujo ápice está eternamente revestido por uma imaculada e resplandecente alvura, símbolo da Luz da Eternidade. Suas páginas são um registro do modo pelo qual fui posto em contato com o amado Mestre Saint Germain e Aqueles Outros Grandes Mestres Ascensionados que trabalham incessantemente para ajudar a humanidade desta Terra, enquanto ela luta, buscando o caminho para a paz, o amor, a Luz e a eterna Perfeição.

Eu, que vivenciei esta experiência, prendia-me firmemente a um grande e dominante desejo que provinha do Interior – de ver, ouvir e reconhecer infalivelmente a verdade sobre a vida. Fui induzido, passo a passo, a compreender e aceitar a poderosa Presença de Deus dentro do meu próprio Ser – a Luz que ilumina todo homem que vem ao mundo – o Cristo. Um meio de estabelecer contato com a Luz, Sua toda-onisciente Presença e infalível Atividade, me foi revelado, e eu o ofereço ao leitor destas páginas.

Posso relatar apenas uma parte dos acontecimentos que se realizaram e da instrução que recebi. Um por um, meus grandes desejos foram satisfeitos, porque eram desejos construtivos e altruístas. Minha busca da verdade e da felicidade tem sido longa, constante e firme, mas a ambas eu encontrei, e ser humano algum me pode tirá-las, porque são eternas, e vêm do meu próprio Grande Deus Interno. Ao apresentar esta experiência, faço-o com a mais profunda prece para que o leitor possa receber a Luz, ser abençoado e prosperar na sua jornada, enquanto percorre o caminho da Verdade. Somente nele pode ser encontrada a felicidade eterna. Lá, unicamente lá, poderá o buscador da Luz encontrar a eterna paz, essa paz tão ansiosamente buscada, que ele conquistará através do Serviço de Amor. Se meu presente esforço em difundir estes livros pelo mundo puder carregar os habitantes da Terra que também estejam procurando a Luz com um pouco do Amor, Luz e felicidade que recebi, terei sido amplamente recompensado.

O grande Mestre Ascensionado Saint Germain disse-nos que os livros da série Saint Germain, na Oitava de Luz dos Mestres Ascensionados, estão encadernados com capas de pedras preciosas. Eles contêm a eterna Lei da Vida e continuarão a ser a Lei para a humanidade e a Terra por milhares de anos futuros!

A Lei do EU SOU, empregada pelos Mestres Ascensionados, é o único caminho fornecido pela Vida para elevar a atividade dos seres humanos até a Oitava de Luz imediatamente acima da humana. É o único meio pelo qual os indivíduos podem corrigir os erros do passado e seguir adiante, livres deles no futuro. É o meio que a Lei da Vida proporciona, permitindo ao indivíduo restituir o equilíbrio do Universo, rompido que fora pelo seu uso indevido da energia da Vida – em lugar do revide de indivíduo para indivíduo, o que se tornaria uma cadeia sem fim de reações.

Este suprimento, que tem por fim estabelecer o equilíbrio por toda parte, é seguramente a maior misericórdia da Vida para com Sua Criação. É a "Graça" que Jesus ensinou, e pela qual obteve Sua Ascensão. Todos os Mestres Ascensionados – e há milhares dEles – usaram esse mesmo processo para alcançarem a Perfeição e o Poder da Vida que Eles agora possuem.

Lendo esta série de livros, estareis procurando entender aquilo que expressa Perfeição infinitamente maior do que aquela que vós, ou outros seres humanos nesta Terra, sois capazes de expressar.

Não há discrepâncias nesta explanação da Lei, tal como foi dada pelos Mestres Ascensionados. Eles são Seres totalmente puros, perfeitos, todo-poderosos, que jamais cometem qualquer erro. Quem quer que leia estes livros ficará compreendendo quão pouco sabe acerca do que existe neste magnífico Universo; o conteúdo destas obras transcende qualquer conhecimento limitado proveniente do intelecto humano.

Apenas uma minoria de pessoas tem conhecimento de que há um inteligente Poder e uma Atividade de Vida maior do que sua própria mente, corpo e intelecto humanos, ou de toda a global humanidade. Apenas uma minoria de pessoas tem conhecimento de que o mundo e o sistema de mundos ao qual a Terra pertence, foram criados, projetados e são sustentados por uma Inteligência e Poder maiores do que todo intelecto e consciência humanos sobre nosso planeta.

Então, em vez de sentir, dizer ou pensar que há discrepâncias nesta instrução do Mestre Ascensionado, – que é perfeita – experimentai compreender quão pouco o seu intelecto humano e o de toda a humanidade sabe a respeito da Perfeição. Por que razão os seres humanos, que se acham dentro dessa limitação e que cometem tantos erros, ousam dizer que os Mestres Ascensionados, que são inteiramente puros, perfeitos, amorosos e todo-poderosos cometem erros, quando tal coisa é impossível?

Essa atitude é justamente a ignorância humana julgando a Divina Vida e a manifestação do Universo através da discordância do sentimento humano, na sua rebelião contra a obediência à Lei da Vida.

Os Mestres Ascensionados e nós, nunca usamos uma força destrutiva. Não necessitamos disso! Toda energia carregada destrutivamente é instrumento da força sinistra em indivíduos rebeldes, que se recusam a obedecer à Lei de sua própria vida, em seu próprio bem.

O poder e a vitória da Luz estão assumindo Seu domínio nas Américas, porque os Mestres Ascensionados e os Seres Cósmicos ordenaram um *Fiat* para expressar plenamente a Perfeição da vida através dos povos desta Terra. Essa Perfeição começa nas Américas, pela compreensão dos ensinamentos dos Mestres Ascensionados e uso consciente da grande Palavra Criadora EU SOU.

Todo aquele que usar essa Palavra como A usam os Mestres Ascensionados, libertará a mesma toda-poderosa vitória e Perfeição da Luz que Eles libertam, porque Eles são Seu pleno poder e Perfeição. Eles se transformaram em Seu pleno poder e Perfeição, usando-A. O Mestre Ascensionado Jesus, o Cristo, deixou-nos este supremo legado: "As obras que Eu fiz, vós também as fareis, e ainda maiores do que Eu..." A aplicação dessa Lei possibilitou-Lhe conquistar a Vitória Eterna. Portanto, essa é a nossa herança divina; vivenciando essa Suprema Lei, alcançaremos também a nossa Liberdade Eterna.

O ditado "*A Verdade é mais extraordinária do que a ficção*", aplica-se a este livro. O leitor poderá aceitá-lo ou rejeitá-lo, à sua escolha, mas os Mestres Ascensionados, cuja ajuda permanente tenho recebido, disseram-me muitas vezes: **"Quanto mais a humanidade puder aceitar Nossa Presença, mais larga se abrirá a porta para Nós, a fim de que possamos derramar sobre ela Nossa assistência ilimitada. Mas aqueles que Nos rejeitarem, aqueles que não concordarem com esta Suprema Verdade não irão alterar, de forma alguma, Nossa verdadeira realidade,**

Nossa existência e atividade no Universo".

Aqueles que aceitam a Verdade aqui documentada acharão uma nova e poderosa força inundando suas vidas. Cada exemplar deste livro carrega consigo essa poderosa Presença, Sua irradiação e Poder Sustentador. Todo aquele que estudar estas páginas honesta, profunda, sincera e persistentemente, conhecerá e estabelecerá contato com a realidade daquela Presença e Poder. Para aqueles que lerem este trabalho, quero dizer que estas experiências são tão reais e verdadeiras como a existência da humanidade hoje, na Terra, e que tudo ocorreu durante agosto, setembro e outubro de 1930, sobre o monte Shasta, Califórnia, USA.

Godfré Ray King

A BUSCA

Quando tuas perguntas fracassarem,
Quando tuas ações cessarem,
Acharás tua paz
Na quietude de tua meditação.

O Céu não é algo irreal,
Não é um plano ou lugar.
Ele vive na alma do homem
Para um dia a ele se revelar.

Quando o Céu procurares,
E à Sua porta fores bater,
Sentirás ter feito o melhor,
Que nada tão ímpar pode haver.

A porta está aberta,
Poderás por ela entrar
No Reino de nosso Cristo
E sempre lá ficar.

Uma vez que O tenhas achado
Para em segurança nEle habitar,
Todo o desgosto terá passado,
Não mais O quererás deixar.

Permite oferecer-te uma prece,
Para que tu possas ver realmente
A Perfeição atuando em tua vida
Agora, sempre, eternamente.

SUMÁRIO

Capítulo I - Encontro com o Mestre 23
Capítulo II - O Deserto de Saara 47
Capítulo III - Royal Teton 77
Capítulo IV - Mistérios de Yellowstone 105
Capítulo V - Memórias Incaicas 118
Capítulo VI - Cidades Submersas do Rio Amazonas 146
Capítulo VII - O Vale Secreto 170
Capítulo VIII - O Poder Onipresente de Deus 185
Capítulo IX - Vênus Visita Royal Teton 207

Capítulo I
ENCONTRO COM O MESTRE

O Monte Shasta

O monte Shasta se eleva, sobranceiro e majestoso, coberto, no sopé, por um bosque de pinheiros e abetos, assemelhando-se a uma jóia de brilho e alvura incomparáveis, fixada em um engaste de filigrana verde.

Seus cumes, cobertos de neves eternas, resplandeciam como milhares de diamantes de raro esplendor e beleza, assumindo as sete cores prismáticas e mudando constantemente, à proporção que as sombras se alongavam com a descida do Sol no horizonte.

Havia rumores de que ali vivia um grupo de homens – homens realmente divinos – citados como "Fraternidade do Monte Shasta", que constituía um ramo da Grande Loja Branca, e que esse Foco, desde tempos remotos, vinha operando continuamente, até os dias presentes.

Eu fora enviado, a negócios do Governo, para uma cidadezinha situada na base da montanha e enquanto no desempenho dessa missão, ocupava minhas horas de folga tentando deslindar os rumores concernentes à Fraternidade. Eu sabia, através de viagens ao Extremo Oriente, que a maior parte das tradições, dos mitos e das lendas tem, em algum ponto, como origem, uma profunda verdade, que geralmente permanece desconhecida de todos, a não ser dos verdadeiros estudantes da Vida.

Enamorei-me do monte Shasta e todas as manhãs, quase involuntariamente, saudava o Espírito da Montanha e os Membros da Ordem. Percebia alguma coisa muito singular e fora do comum ao redor de toda a localidade e, à luz das experiências que se seguiram, não me admira que algumas delas eu as pressentisse tão intensamente.

Longos passeios na trilha tornaram-se hábito meu, sempre que desejava pensar a sós ou tomar decisões importantes. Aí, nesse gigante da Natureza, encontrava descanso, inspiração e paz que me confortavam a alma, revigorando-me o espírito e o corpo.

Planejara tais excursões por prazer, como pensava, a fim de passar algum tempo mergulhado no coração da montanha, quando a seguinte experiência entrou em minha vida para mudá-la tão completamente, que eu quase poderia crer estar em outro planeta, não fora minha volta à rotina em que me achava empenhado por meses.

Nessa manhã, saí ao romper do sol, decidido a seguir até onde a fantasia me levasse, e de um modo vago, pedi a Deus que me guiasse os passos. Ao meio-dia eu já subira alto pela encosta da montanha, de onde a vista para o sul era bela como um sonho.

À medida que o dia avançava, tornava-se muito quente e eu parava com freqüência para descansar e deleitar-me com a notável extensão da região em volta do rio Mac Cloud, do vale e da cidade. Chegou a hora de almoçar e procurei uma fonte de água fresca e límpida. Com o copo na mão, inclinei-me para enchê-lo, quando uma corrente elétrica percorreu-me o corpo da cabeça aos pés.

Olhei em volta e percebi, atrás de mim, um jovem que, à primeira vista, parecia estar, como eu, a passeio. Olhei mais atentamente e compreendi, de pronto, não se tratar de pessoa comum. Enquanto esse pensamento me atravessava o cérebro, ele sorriu e dirigindo-se a mim, disse:

"Meu Irmão, se me entregardes esse copo, dar-vos-ei bebida muito mais refrigerante que água da fonte". Obedeci e instantaneamente o copo se encheu de um líquido cremoso. Devolveu-me, dizendo:

"Bebei".

Assim o fiz, devendo deixar transparecer meu espanto. Ao mesmo tempo que era de sabor delicioso, o efeito eletrizante e estimulante, produzido em minha mente e em meu corpo, fez-me ofegar de surpresa. Não o vi por coisa alguma dentro do copo e maravilhei-me com o que sucedia.

"O que bebestes", explicou, "vem diretamente do Reservatório Universal, puro e vivificante como a própria Vida, e de fato é Vida – Vida onipresente – porque está em toda parte em torno de nós. Está sujeito a nosso controle e direção consciente, obedecendo-nos prontamente quando amamos bastante, porque todo o Universo obedece ao preceito do Amor. Seja o que for que Eu deseje, manifesta-se por si mesmo quando ordeno em Amor. Estendi o copo e aquilo que desejei para vós apareceu."

"Vede! Basta-Me estender a mão, e se Eu me interessar pelo ouro – o ouro aqui está". Instantaneamente surgiu-lhe na palma da mão um disco quase do tamanho de uma moeda de ouro de dez dólares. Continuou, então:

"Vejo dentro de vós uma certa compreensão interior da Grande Lei, mas não estais externamente consciente o bastante a respeito dEla para produzirdes o que desejais diretamente do onipresente Reservatório Universal. Desejastes tão intensa, honesta e resolutamente ver alguma coisa desse gênero, que isso não vos poderia ser recusado por mais tempo."

"Entretanto, a Precipitação é uma das menos importantes atividades da Grande Verdade do Ser. Se vosso desejo não fosse desprendido de egoísmo e de fascinação pelos fenômenos, tal experiência não vos teria ocorrido. Quando deixastes a casa, esta manhã, pensastes estar saindo a passeio, isto é, tanto quanto vossa atividade exterior gostaria de fazê-lo. No mais profundo e amplo sentido, porém, estáveis realmente seguindo o impulso de vosso próprio Deus Interno, que vos conduziu à pessoa, ao lugar e à condição onde vosso mais intenso desejo pudesse ser satisfeito."

"A Verdade da vida é que não se pode desejar uma coisa, sem que seja possível a ela manifestar-se em algum lugar do Universo. **Quanto mais intenso for o sentimento contido no desejo, tanto mais depressa este se realizará**. Se, entretanto, alguém for tão insensato a ponto de desejar alguma coisa que possa prejudicar a um outro filho de Deus, ou a qualquer outra parte de Sua Criação, então essa pessoa pagará a penalidade com discórdia e fracasso em alguma experiência de sua vida."

"É muito importante compreender plenamente que o desígnio de Deus para com cada um de Seus filhos é a abundância de todas as coisas boas e perfeitas. Ele criou a Perfeição e investiu cada um de Seus filhos exatamente com o mesmo poder. **Também eles podem criar e manter Perfeição**, e expressar a Sabedoria de Deus sobre a Terra e tudo quanto nela existe. O ser humano foi criado, originariamente, à imagem e semelhança de Deus. A única razão pela qual nem todos manifestam Seu Domínio e majestade é pelo fato de não usarem sua Herança Divina – aquilo de que todo indivíduo é dotado e com que é destinado a governar seu próprio mundo. Então, não estão obedecendo à Lei do Amor, através da qual se derramam bênçãos e paz a toda Criação."

"Isto lhes acontece por sua incapacidade de aceitar e reconhecer a si próprios como **templos do Mais Alto Deus Vivo**, e de guardar esse conhecimento com eterna gratidão. A humanidade, na sua atual limitação aparente de tempo e espaço, e conceitos e valores distorcidos, acha-se nas mesmas condições de uma pessoa necessitada a quem se estendesse uma mão cheia de dinheiro. Se o referido indigente não desse um passo avante para receber o dinheiro que se lhe oferecia, como iria obter os benefícios que este lhe poderia trazer?"

"A massa da humanidade está hoje exatamente nesse estado de consciência, e nele continuará mergulhada até que os humanos aceitem Deus dentro de seus corações como o supremo Amor Governante, o Doador e o Autor de todo o Bem que sempre desejaram para preencher suas vidas com plenitude e bem-aventurança."

"O eu pessoal de todo indivíduo deve reconhecer, completa e incondicionalmente, que a atividade exterior ou humana da consciência nada tem, absolutamente, que lhe seja próprio. Mesmo a energia pela qual se reconhece o Grande Deus Interior, é irradiada para o eu pessoal pelo Grande Ser Divino Interior."

"Amor e glorificação ao Grande Eu Interior e a atenção mantida focalizada sobre a Verdade, a saúde, a liberdade, a paz, a fartura ou qualquer outra coisa que desejardes para correto uso, trarão à manifestação esses bens para o vosso proveito e de vosso mundo – se com persistência os conservardes em vossa consciência (pensamento e sentimento). Isso é tão certo como a existência da Grande Lei de Atração Magnética no Universo."

"A eterna Lei da Vida é: o que pensais e sentis, atraireis para o mundo da forma; onde estiver vosso pensamento, aí estareis, porque sois vossa própria Consciência e vos tornareis aquilo sobre que meditais."

"Quando alguém permite que sua mente se demore em pensamentos de ódio, condenação, concupiscência, inveja, ciúme, crítica, medo, dúvida ou desconfiança, e admite que esses sentimentos de irritação sejam gerados dentro dele, certamente terá discórdia, fracasso e desgraça em sua mente, corpo e mundo. Enquanto ele consentir que sua atenção se prenda a tais pensamentos – tenham eles por objeto nações, pessoas, lugares, condições ou coisas – estará absorvendo aquelas atividades na substância de sua mente, de seu corpo e de seus negócios. **De fato, ele está induzindo – forçando-as – a que entrem em sua experiência.**"

"Todas essas atividades discordantes atingem o indivíduo e seu mundo através de seus pensamentos e sentimentos. O sentimento muitas vezes se manifesta impetuosamente, antes mesmo que se possa controlar os pensamentos captados pela consciência externa; tal experiência mostrar-lhe-á como é grande a energia dentro de suas múltiplas criações – criações estas que ele acumulou pelo hábito."

"A atividade de Vida designada como sentimento é o ponto menos resguardado da consciência humana. É a energia acumuladora, pela qual os pensamentos são impelidos para dentro da substância atômica, e assim, pensamentos tornam-se coisas. Advirto-vos: a necessidade de vigilância sobre o sentimento nunca será demasiadamente enfatizada, porque o controle das emoções desempenha o papel mais importante em tudo na vida, mantendo o equilíbrio da mente, a saúde do corpo, sucesso e realização nos negócios e no círculo social do eu pessoal de todo indivíduo. Pensamentos nunca poderão se converter em coisas, enquanto não se revestirem de sentimentos."

"**O que chamam de 'Espírito Santo' é o que conhecemos como 'sentimento', é a parte da Vida – Deus – a atividade do Amor Divino ou a Expressão Materna de Deus. É por isso que o pecado contra o Espírito Santo é referido como o que acarreta grande aflição, porque qualquer discordância no sentimento rompe a Lei do Amor, que é a Lei do Equilíbrio, Harmonia e Perfeição.**"

"O maior crime, no Universo, contra a Lei do Amor é a emissão quase incessante, pela humanidade, de toda espécie de sentimentos negativos e destrutivos."

"Um dia a raça humana virá a perceber e reconhecer que as forças sinistras e destrutivas que se manifestam na Terra e em sua atmosfera – geradas, notai bem, pelo pensamento e sentimento humanos – só entraram nos negócios dos indivíduos e das nações através da falta de controle das emoções na experiência diária de cada um. Mesmo os pensamentos destrutivos não podem expressar-se em ação, em acontecimentos, ou transformar-se em coisas físicas sem passar pelo mundo do sentimento – porque é nessa fase de manifestação que tem lugar a atividade de solidificação do átomo físico sobre as formas mentais."

"Assim como o barulho de uma súbita explosão causa um choque no sistema nervoso de quem ouve, imprimindo uma sensação de tremor na estrutura celular do corpo – exatamente do mesmo modo as labaredas do sentimento irritado chocam, perturbam e desordenam as substâncias mais finas da estrutura atômica da mente, do corpo e do ambiente da pessoa que as emite, consciente ou inconscientemente, intencionalmente ou não."

"O sentimento discordante é o causador das condições a que chamamos 'desintegração', 'velhice', 'falta de memória' e qualquer outra falha no mundo da experiência humana. O efeito causado sobre a estrutura do corpo é o mesmo que seria produzido em um edifício se a argamassa, que une os tijolos, recebesse repetidos golpes, num aumento crescente, diariamente. Esse abalo contínuo separaria as partículas componentes da argamassa, e o edifício ruiria e se transformaria em massa caótica, e a forma deixaria de existir."

"É isso que a humanidade está constantemente fazendo na estrutura atômica do corpo humano."

"Manifestar pensamentos e sentimentos discordantes que brotam de si mesmo é proceder dentro do menor esforço e constitui uma atividade habitual do indivíduo pouco desenvolvido, rebelde e obstinado, que recusa compreender a Lei de seu próprio ser e trazer sua personalidade – que é apenas instrumento de expressão – à obediência a essa Lei."

"Aquele que não quer controlar seus pensamentos e sentimentos está em mau caminho, porque todas as portas de sua consciência estão abertas de par em par às atividades desintegradoras projetadas pelas mentes e emoções de outras personalidades. Não é preciso nem força, nem sabedoria, nem treinamento para dar passagem a impulsos malévolos e destrutivos, e os seres humanos adultos que fazem isso, não passam de crianças no desenvolvimento de seu autodomínio."

"É uma vergonha para a vida da espécie humana, que tão pouco controle das emoções seja ensinado à humanidade do berço ao túmulo. Atenção para esse ponto fundamental e grave é hoje a maior necessidade do mundo ocidental. É fácil ceder a pensamentos, sentimentos e hábitos discordantes, porque a massa humana está como que submersa em ambiente e associações criadas, inteiramente, pelos próprios homens."

"O indivíduo, pelo autodomínio da consciência externa, deve esforçar-se por se elevar acima dessa condição, a fim de transcender a essas limitações permanentemente, e ninguém pode ter esperança de libertar sua vida e seu mundo da miséria, da discórdia e da destruição, enquanto não refrear os próprios pensamentos e sentimentos. Desse modo ele recusa deixar a vida – que flui através da mente e do corpo – qualificar-se com a discórdia resultante de cada pequena ocorrência perturbadora no mundo que o cerca."

"A princípio, essa disciplina requer esforços tenazes e contínuos, porque os pensamentos e os sentimentos de noventa e cinco por cento da humanidade correm tão descontrolados e livres como um cãozinho vadio."

"Entretanto, não importa quanto esforço seja necessário para trazer essas duas atividades a um controle absoluto; esse objetivo é da máxima importância e vale a pena que se lhe dedique toda a energia, esforço e tempo; nenhum domínio real e permanente da vida e do mundo pode resultar sem ele. Será prazer e privilégio para mim ensinar-vos o emprego dessas Leis Superiores. O uso e a aplicação delas vos permitirá libertar e expressar a verdadeira Sabedoria e manifestar toda a Perfeição."

1. "O primeiro passo para o controle de si mesmo é a quietação de toda atividade externa, tanto da mente como do corpo. Quinze a trinta minutos, à noite, antes de dormir, e pela manhã, antes de começar o trabalho diário, de prática do exercício que se segue, causará prodígios em quem quer que o faça com o necessário empenho."

2. "O segundo passo consiste em certificar-vos de que não sereis perturbados, e depois de vos tornardes perfeitamente tranqüilo, imaginai e senti vosso corpo envolvido em uma resplandecente Luz Branca. Durante os primeiros cinco minutos de concentração nesse quadro, reconhecei e senti intensamente a ligação entre o eu exterior e vosso poderoso Deus Interior, focalizando a atenção no centro do coração, visualizando-o como um Sol dourado."

3. "O passo seguinte é o reconhecimento: 'Eu agora aceito alegremente a plenitude da poderosa Presença de Deus – o 'Cristo puro'. Senti o grande brilho da Luz e intensificai-A em cada célula de vosso corpo durante, no mínimo, dez minutos."

4. "Encerrai então a meditação pelo comando: "Eu sou um filho da Luz; eu amo a Luz; eu sirvo a Luz; eu vivo na Luz; eu sou protegido, iluminado, suprido, sustentado pela Luz e eu abençôo a Luz".

"Lembrai-vos sempre: Nós nos tornamos aquilo em que meditamos e uma vez que todas as coisas vêm da Luz, Luz é a suprema Perfeição e controle de todas as coisas."

"Contemplação e adoração da Lei induz à iluminação da mente; saúde, força e ordem no corpo físico, paz, harmonia e êxito a se manifestarem nos negócios de todo indivíduo que realmente puser em prática e mantiver essa disciplina."

"No início de cada era, em todos os tempos, em quaisquer condições, dizem-nos todos aqueles que expressaram as maiores realizações da vida, que a Luz é suprema – a Luz está em toda parte e na Luz existem todas as coisas."

"Esta afirmação é tão verdadeira hoje como o era há um milhão de anos atrás. Muito remotamente, desde quando se tem conhecimento da história da humanidade, os sábios e os grandes representantes de todas as eras são pintados com uma radiação de Luz que os envolve, emanando da cabeça e do corpo."

"Essa Luz é **real** – tão real como a luz elétrica em vossas casas. Não está muito distante o dia em que aparelhos serão construídos para mostrar a emanação de Luz em volta de cada indivíduo, visível ao olho físico de quem quer que deseje vê-la. Tais aparelhos mostrarão, também, a contaminação ou descoloração que se torna em nuvem em volta da Luz de Deus – gerada pelo eu pessoal através de pensamentos e sentimentos discordantes. Esta – e somente esta – é a maneira pela qual a energia da Grande Corrente de Vida é mal empregada e erradamente qualificada."

"Se praticardes fielmente o exercício recomendado, sentindo-o em cada átomo de vossa mente e de vosso corpo com profunda, profundíssima intensidade, recebereis provas abundantes da tremenda atividade, do poder e da Perfeição que residem e estão perenemente ativos dentro da Luz. Quando tiverdes experimentado isso, mesmo por pouco tempo, não precisareis de nenhuma prova além dessa. Tornar-vos-eis vossa própria prova. A Luz é o reino; entrai nele e estareis em paz. Voltai à casa do Pai. Passados os dez primeiros dias da prática desse exercício – é bom fazê-lo três vezes ao dia, de manhã, ao meio-dia e à noite – verificareis um início palpável de discreta modificação, que se vai manifestando aos poucos em vossa vida."

"Muitas vezes, ouvimos a queixa: 'Oh! Não disponho de tanto tempo!' Aos que são dessa opinião, desejo simplesmente dizer o seguinte:

O tempo que a maioria das pessoas gasta criticando, condenando criaturas, condições e coisas, por não serem algo diferentes do que são, se empregado nesse reconhecimento e uso da Luz, fará o céu manifestar-se na Terra, para quem ousar experimentar e tiver determinação para perseverar. Nada é impossível. A Luz jamais falha."

"A Luz é o meio de Deus para criar e manter ordem, paz e Perfeição em toda a Sua Criação. Qualquer ser humano, nesta Terra, pode dispor de todo o tempo de que necessitar para executar esse exercício, quando seu desejo de fazê-lo for bastante intenso. A própria intensidade do desejo reorganizará o mundo do indivíduo, as pessoas, as condições e as coisas de modo a prover esse tempo, se o ser desejar sinceramente utilizá-lo para sua elevação. Ninguém no mundo faz exceção a essa Lei – porque o desejo de fazer qualquer coisa de construtivo, quando se torna muito intenso, leva o poder da Energia Divina a liberar a energia necessária para criar e expressar a coisa desejada."

"Todos gozam do supremo privilégio de contatar com a toda-poderosa Presença onisciente de Deus, e Ela é o único poder que sempre elevou, eleva e há de elevar o eu pessoal e seu mundo acima das discórdias e das limitações terrenas."

"Meu amado filho, praticai isso com grande persistência e determinação e sabei que **Deus em vós é vossa vitória certa**."

Quando acabou de falar, comecei a perceber que ele deveria ser um dos Mestres Ascensionados, porque não só me havia dado prova de seu Domínio sobre os elementos, pela Precipitação, mas também ensinado e explicado como o fizera. Sentei-me, admirado de como Ele me conhecera.

"Meu filho", disse, respondendo imediatamente ao meu pensamento, "Eu vos conheço há éons. Elevando vosso pensamento – por vosso esforço consciente – tornastes possível a minha vinda, hoje, até vós. Tenho estado sempre convosco, enquanto estamos ambos em nossos corpos mais sutis. Vosso esforço consciente para alcançar algum dos Mestres Ascensionados abriu-Me o caminho para vir até vós de um modo muito mais tangível, isto é, tangível para os vossos sentidos físicos."

"Vejo que não Me reconheceis absolutamente em vossa consciência externa. Estive presente ao vosso nascimento, quando do passamento de vossa mãe, e servi de instrumento, reunindo-vos a vossa esposa Lótus – no momento propício – de modo a não retardar vossa realização final. Novamente colaborei para atrair a vós o vosso filho na presente encarnação."

"Sede, porém, paciente.

Ficai tranqüilo por alguns momentos – observai-Me com atenção – e Eu vos revelarei minha identidade". Fiz como Ele pediu e durante um minuto, talvez, vi Sua face, corpo e vestes tornarem-se a Presença Vivente natural e tangível do Mestre Saint Germain, sorrindo de meu espanto e divertindo-se à vista de minha surpresa.

Ele ficou parado ali, frente a mim – esplêndida figura semelhante a um Deus – num manto branco ornado de jóias, Luz e amor cintilando em Seus olhos, que revelavam e provavam o Domínio e a majestade que Lhe são próprios.

"Este", explicou, "é o corpo em que Eu trabalho uma grande parte do tempo, quando ocupado com o bem-estar da humanidade, a menos que o serviço que Eu esteja efetuando no momento exija contato mais íntimo com o mundo externo dos negócios; nesse caso, construo meu corpo com as características e a indumentária da nação com a qual necessito trabalhar no momento".

"Oh!" exclamei, "agora eu Vos reconheço, porque Vos tenho visto muitas vezes assim, nos planos internos da consciência".

"Meu filho", prosseguiu, "não vedes o que a verdadeira mestria realmente é? Nós – no estado Ascensionado – podemos moldar a estrutura atômica de Nosso corpo como o oleiro molda o seu barro. Cada elétron e átomo no Universo obedece ao Nosso desejo e comando, em conseqüência do Poder Divino pelo qual os controlamos – tendo adquirido o direito de ser Seus dirigentes."

"A humanidade, no estado não ascensionado em que se encontra, fica assombrada e maravilhada com essas coisas, mas Eu vos digo que para Nós não existe maior esforço em mudar a aparência e a atividade de Nossos corpos, do que para um ser humano comum mudar de roupa. A infortunada condição, na consciência humana, que mantém o indivíduo nas suas autocriadas limitações, é a atitude mental que ora teme, ora ridiculariza aquilo que não compreende ou, o que é ainda pior, em sua ignorância, diz: 'Isto é impossível'. Uma coisa pode não ser provável sob certas condições humanas, mas o Ser Divino Interior, que é a Grande Luz, pode mudar todas as condições humanas, e assim, nada é impossível.

"Todo indivíduo tem dentro de si a Divina Chama de Vida, e esse seu próprio Deus tem Domínio, onde quer que se mova no Universo. Se ele, por motivo de sua própria inércia mental, não empregar o necessário esforço para reorganizar seus velhos hábitos mentais e corporais, continuará acorrentado às cadeias que ele mesmo forjou. Se, entretanto, prefere conhecer o Deus Interno dentro de si mesmo, e **ousa** dar a esse Deus Interior todo o controle de suas atividades externas, receberá uma vez mais o conhecimento do Domínio sobre toda substância – que foi seu desde o começo."

"É chegado o tempo em que a humanidade deverá despertar rapidamente, e ela precisa, de algum modo, estar disposta a reconhecer que viveu centenas – algumas vezes milhares – de vidas, cada vez em um novo corpo físico."

"A Lei da Encarnação é a atividade, na evolução humana, que dá ao indivíduo uma oportunidade para restabelecer um equilíbrio, nas mesmas condições em que ele conscientemente o rompeu."

"É apenas uma atividade da Lei da Compensação – Causa e Efeito – ou o que pode ser chamado 'processo automático de equilíbrio', governando todas as forças em toda parte do Universo. A compreensão correta dessa Lei nos dá a explicação para muitas condições, na experiência humana, que de outro modo nos pareceriam inteiramente injustas. É a única explicação lógica para a infinidade de complexidades e experiências da criação humana, e revela o processo e a Lei sobre os quais repousa toda manifestação. Faz compreender que não existem coisas como acaso ou acidente. Tudo está subordinado à direta, exata e perfeita Lei. Toda experiência da consciência tem uma causa anterior, e tudo, no mesmo instante, torna-se a causa de um futuro efeito."

"Se um homem magoa uma mulher em determinada vida, é certo que se encarnará numa forma feminina e passará por experiência semelhante, até que cumpra e sofra aquilo com que fez sofrer a outrem. A mesma coisa acontecerá a uma mulher, se for injusta para com um homem e ofendê-lo. Esse é o único caminho pelo qual o ser é obrigado, ou antes, obriga-se a experimentar tanto a causa como o efeito de tudo quanto gera no mundo. O indivíduo pode criar e experimentar o que quer que seja em seu próprio mundo, mas se prefere causar discórdia e sofrimento a outrem, obriga-se a atravessar condição semelhante, até compreender qual é o efeito de sua própria criação sobre as demais formas de vida do Universo."

"Vinde comigo, vamos rever a vida física na qual usastes uma forma feminina, na França, quando fostes uma cantora de magnífico talento, com voz de rara beleza e vigor."

Imediatamente, sem o menor esforço de minha parte, saí de meu corpo físico, vendo-o inteiramente reclinado no chão. Admirei-me de que meu corpo ficasse em segurança ali, na encosta da montanha, e em resposta ao meu pensamento, Saint Germain explicou:

"Não vos preocupeis. Nada no mundo pode prejudicar

vosso corpo enquanto estivermos ausentes. Observai!"

Instantaneamente vi meu corpo físico envolvido por uma chama branca, formando um círculo de mais ou menos metro e meio de diâmetro.

Saint Germain colocou o braço direito em volta de mim, e vi que estávamos nos elevando rapidamente do solo; logo, porém, ajustei-me à Sua ação vibratória. Não houve sensação de movimento através do espaço, e num instante estávamos vendo, em baixo, uma cidadezinha no sul da França. O Mestre continuou:

"Aqui nascestes filha única de uma bela mulher, cuja vida foi um exemplo de idealismo, adiantado demais para a maioria das pessoas dessa época. Vosso pai foi um esposo e companheiro extremamente dedicado, muito culto e inspirado nas origens do espírito cristão."

"O éter atmosférico de cada lugar registra tudo o que acontece nessa localidade. Reanimarei esses registros etéricos e vereis cenas animadas, dando todos os detalhes de vossa vida.

"Cantastes na igreja desse lugarejo e estudastes com uma professora que persuadiu vossos pais a deixá-la exercitar-vos. Fizestes rápidos progressos e recebestes vantagens ainda maiores, quando eles se mudaram para Paris. Depois de um ano de estudo intensivo, ofereceu-se uma oportunidade para cantardes diante da rainha de França e, sob sua proteção, aparecestes em muitos de seus salões. Isso vos assegurou uma próspera carreira musical. A França e o sucesso derramaram suas dádivas sobre vós durante os cinco anos seguintes, e acumulastes grandes riquezas."

"Subitamente, vossos pais experimentaram a mudança chamada 'morte', e o choque que recebestes foi muito grande, seguido de muitas semanas de grave enfermidade. Quando vos restabelecestes e voltastes a dar concertos, um novo predicado de simpatia juntara-se à vossa voz, em virtude do sofrimento então recente."

"Um homem que vos orientara muito em vossos estudos musicais tornou-se diretor de vossos recitais em público e passastes a depender dele, como se fosse merecedor de confiança. Seguiram-se, então, quatorze anos de brilhante sucesso, ao fim dos quais adoecestes subitamente, falecendo dentro de uma semana. Vossas jóias e vossa fortuna, deixastes ao cuidado do diretor, para serem empregadas em auxílio de outrem, e na realização de certos planos, em prol dos quais trabalhastes durante toda a vida. Mal haviam terminado as últimas cerimônias religiosas, uma completa mudança nele se operou: a ganância apoderou-se dele plenamente. Agora vos mostrarei esse homem, que encontrastes há alguns anos, aqui na América, em vossa vida presente. Tenho plena certeza de que vos lembrareis do incidente nos negócios."

Mostrou-me, então, uma associação em negócios, por meio da qual eu tentara auxiliar várias pessoas, há dez anos passados, enquanto estive no Oeste, em contato com um representante do governo belga.

"A esse homem", continuou, "foi dada, nessa ocasião, uma oportunidade para reparar o mal que vos fizera na França. Foi-lhe mostrada a condição, e ele estava perfeitamente a par da situação, porque esta lhe havia sido mostrada, mas ainda não estava suficientemente forte para permitir a elaboração da Grande Lei Cósmica de justiça e compensar aquela dívida. Se o tivesse feito por sua própria vontade, ter-lhe-ia sido dada liberdade em muitos caminhos, habilitando-o a progredir muito mais rapidamente nesta encarnação."

Assim, a vida externa mantém o indivíduo preso à roda da necessidade, renascimento, luta contínua e dor, até que ele permita à Luz do Cristo Interno iluminá-lo e purificá-lo, para que possa corresponder unicamente ao Plano de Deus – Amor, Paz e Perfeição para Sua Criação. Essa é a espécie de ensinamento que nunca se esquece, porque o ensinamento objetivo registra a experiência tanto na visão como na mente. O registro visual é mais profundo e, necessariamente, recebe mais atenção da atividade externa do intelecto.

A essência dessa experiência, de há muito esquecida, fixou-se certamente em minha memória de modo permanente, porque posso hoje recordar cada um de seus detalhes com tanta clareza como quando a presenciei.

"Agora", continuou, "vamos relembrar uma outra de vossas encarnações – uma que vivestes no Egito".

Elevamo-nos do solo e rapidamente nos movemos para a frente. Tive perfeita consciência do Mediterrâneo, quando passamos por sobre suas belas águas. Fomos em direção a Karnak e Luxor, e então, entramos novamente em contato com a terra.

"Observai cuidadosamente", disse Ele. "Este registro é de um templo muito antigo de Luxor – que não está entre aqueles cujas ruínas os arqueólogos estão explorando hoje em dia, mas é anterior a qualquer um dos que até agora foram descobertos. Se eles soubessem onde procurar, encontrariam templos magníficos em estado de quase perfeita conservação".

Tendo Ele indicado um certo lugar cheio de ruínas, que é tudo o que os viajantes podem ver atualmente, foi o cenário ocupado por uma atividade no éter, tal como o fora originalmente em toda a sua beleza e esplendor, muito mais magnificente do que qualquer coisa que a presente geração possa conceber.

Os jardins e os lagos eram cercados de grandes pilares de mármore branco e granito rosa. Todo o local se tornou vivo, real, vibrante – e tão tangível como qualquer cidade de hoje, na Terra. Era tão perfeitamente natural e normal, que perguntei de que modo fazia tão vívidas essas experiências.

"O homem e suas criações", respondeu, "do mesmo modo que a Natureza, têm uma contraparte etérica – um modelo – que se imprime para todo o sempre na atmosfera que o rodeia, onde quer que vá. O modelo da atividade individual e experiência de vida está dentro de sua própria aura, todo o tempo. Um registro similar existe na aura de todo lugar. Um Mestre Ascensionado pode, se quiser, reavivar ou revestir de atividades anteriores o registro de um indivíduo, esteja este onde estiver, porque o modelo sobre o qual o Mestre aglutina a estrutura atômica está sempre na aura desse indivíduo. Quando o Mestre reconstitui o registro de uma localidade, deve fazê-lo precisamente no próprio local, porque tal registro, ao ser reanimado, volta a ter a mesma forma vivente e estrutura que tinha, quando construído preliminarmente em substância física."

"Desse modo, é possível aglutinar novamente a estrutura material de edifícios inteiros e suas adjacências, se o Mestre Ascensionado assim o deseja, para alcançar algum justo propósito. Quando alguém chega a atingir esse domínio dado por Deus, pode reconstituir e reanimar qualquer arquivo etérico que deseje tornar visível, para instrução e benefício de estudantes e outros."

"Uma vez levado a efeito – tudo se torna real como a própria realidade – e os objetos reconstituídos podem ser fotografados, tocados e tornados materialmente tangíveis pelos sentidos físicos de quem quer que os esteja observando."

"Notai"! lembrou-me, "estais experimentando essas atividades em vosso corpo mais sutil; elas, porém, não são menos reais por causa disso, uma vez que vosso corpo físico é apenas uma roupagem que vós, o Eu consciente, indivíduo pensante e experimentador, usais."

"É o mesmo que se vestísseis um pesado abrigo, na atmosfera fria do inverno, e apenas uma roupa leve num dia muito quente de verão. As experiências que tivésseis, com a roupa leve, certamente não seriam menos reais do que as que vivêsseis em vossas roupas pesadas. Chamo vossa atenção para isso, a fim de que possais compreender as mais elevadas e menos limitadas atividades da vida".

Examinamos o solo, os arredores, a arquitetura.

"Vamos, entremos", disse, e enquanto falava, adiantou-Se e atravessou a entrada principal, penetrando no próprio templo. Tornamo-nos, então, atores vivos e, ao mesmo tempo, observadores da seguinte experiência: entramos na parte principal do templo e prosseguimos em direção ao Santuário interior. O Grão-Sacerdote veio diretamente a nós, parecendo conhecer-me.

"Este sacerdote dos dias antigos", explicou, "é agora vosso filho". Um sacerdote de ordem inferior apareceu e imediatamente senti conhecê-lo. Saint Germain observou:

"O sacerdote assistente éreis vós."

Penetramos no Santuário interior e vimos a virgem vestal guardando o Fogo Sagrado. Ela, para quem eu olhava agora, era Lótus, meu amado Raio Gêmeo, que encontrei e com quem me casei há alguns anos, e que é agora a mãe de nosso filho.

Mudou a cena e vimos um príncipe visitante, de uma província afastada, que planejava raptar a virgem vestal. Tudo parecia correr-lhe bem, até que ao Grão-Sacerdote foi mostrada uma visão do que estava para acontecer. Isso o perturbou; nada, porém, deixou transparecer.

Mantendo guarda enquanto entravam os escravos do príncipe, vigiou-os quando se aproximavam do Santuário. Tendo eles chegado mais perto, o sacerdote adiantou-se e pronunciou apenas uma palavra, que significava:

"Parai"!

Um dos escravos, mais audacioso que os outros, avançou. O Grão-Sacerdote advertiu-o para que se afastasse, mas ele se aproximou ainda mais. Quando atingiu um certo Círculo Sagrado de força, que emanava do altar, o sacerdote não mais hesitou. Caminhou até a borda externa dessa irradiação protetora, levantou a mão direita e apontou-a diretamente para o escravo.

Um jato de chama projetou-se como um raio, e o escravo caiu sem vida. O príncipe, que observava, avançou, presa de raiva insana.

"Parai"! ordenou de novo o sacerdote, com voz trovejante. O príncipe hesitou por um momento, aturdido pelo próprio poder da palavra, e o sacerdote continuou:

"Ouvi-me! Não profanareis a maior das dádivas de Deus ao Templo da Vida. Retirai-vos antes que tenhais o mesmo fim de vosso muito imprudente e mal dirigido escravo"!

O Grão-Sacerdote tinha perfeita consciência do poder que podia empregar e enquanto enfrentava o príncipe, era ele a personificação do autodomínio, da força ilimitada, conscientemente sujeita à obediência de sua vontade. Era a majestade coroada do Poder Eterno.

A vontade do príncipe era, também, poderosa. Como, porém, não tinha domínio sobre si mesmo, uma outra onda de cega raiva o açoitou; colocando-se de novo como antagonista e dando completa expansão à luxúria, investiu.

O sacerdote, rápido como um raio, levantou a mão. A chama rutilou uma segunda vez e o príncipe seguiu o destino de seu escravo.

Saint Germain voltou-se para mim e explicou a ocorrência mais detalhadamente.

"Estais vendo", começou, "esse é o modo pelo qual a boa ou má qualidade, que existe no interior de toda força, reage sobre quem a emite. O príncipe e seu escravo vieram com as propriedades do ódio, egoísmo e depravação impregnando seus sentimentos e, quando o sacerdote projetou sobre eles a força de que era senhor, ela empregou esses atributos no momento em que tocou suas auras. Ele devolveu-lhes tão somente seus próprios sentimentos, e o egoísmo voltou-se sobre eles mesmos. O sacerdote, no esforço altruístico de proteger a outrem, foi também protegido".

Encerrado esse incidente, a cena de esplendor desvaneceu-se e nós nos encontramos de novo entre as ruínas do templo. Saint Germain fez-me outras revelações, que não podem ser aqui relatadas.

"Há um único meio", prosseguiu, "de evitar a roda cósmica de causa e efeito – a necessidade da reencarnação – e isso é obtido através do esforço consciente para compreender a Lei da Vida. Deve-se procurar ardentemente o Deus Interno, estabelecer contato permanente e consciente com Ele e mantê-lo firmemente, sejam quais forem as condições que se apresentem na vida externa. Terei o prazer e o privilégio de vos mostrar algo mais, mas só pela instrução que vos trará e a outrem. Vinde! Devemos voltar agora".

Ao nos aproximarmos do meu corpo, Ele instruiu novamente:

"Observai desaparecer o círculo de chama branca"! Olhei. O círculo desaparecera. Um momento depois, eu estava de volta a meu corpo. O Sol declinava, e eu sabia que seria quase meia-noite quando chegássemos em casa.

"Ponde o braço em meu ombro", disse Saint Germain, "e fechai os olhos." Senti meu corpo levantar-se do solo, mas não tive consciência de me mover para a frente. Imediatamente meus pés tocaram o chão, e abrindo os olhos, encontrei-me no chalé. Saint Germain divertiu-se bastante quando Lhe perguntei como nos fora possível voltar de tal maneira, sem atrair a atenção das pessoas que nos rodeavam. Respondeu:

"Muitas vezes, Nos rodeamos de um manto de invisibilidade, quando Nos movemos entre as pessoas que atuam no plano físico". E desapareceu.

Eu tinha ouvido falar dos Grandes Mestres Ascensionados, que podiam levar consigo o próprio corpo onde quer que fossem, e manifestar ou trazer à visibilidade qualquer coisa que desejassem atrair diretamente do Universo. Entretanto, experimentar contato real com um dEles era coisa muito diferente, e tentei compreender integralmente a maravilha da experiência. Para Saint Germain, tratava-se, evidentemente, da mais trivial ocorrência.

Permaneci em contemplação silenciosa durante longo

tempo, em profunda, profundíssima gratidão, procurando entender e assimilar completamente Sua explanação da Lei relativa ao desejo. Ele enfatizou a importância e a atividade dela como uma força motriz do Universo, para levar avante novas idéias, forçando a consciência em expansão a assumir posição no âmago da vida de todo indivíduo. Tinha-o explicado, dizendo:

"**O desejo construtivo é a atividade expansiva dentro da vida, porque é só desse modo que idéias sempre maiores, e sua atividade e realização são impelidas a se expressar no mundo externo da substância e da forma**. Dentro de cada **reto desejo** está o poder de sua própria realização. O homem é filho de Deus. Ele é comandado pelo Pai a escolher como deve dirigir a energia da vida, e que qualidade deseja para expressar o cumprimento do mandado de Deus através de seu desejo manifestado. Isso ele deve fazer, porque o livre-arbítrio é seu direito inato."

"É função da atividade exterior do intelecto guiar **toda** expansão para dentro de canais construtivos. Esse é o desígnio e o dever do eu externo. Permitir que a Grande Vida ou Energia de Deus seja usada apenas para satisfação dos sentidos – hábito da grande massa da humanidade – é o que constitui seu emprego destrutivo, que é sempre seguido, **sem exceção alguma**, de desarmonia, fraqueza, fracasso e destruição."

"O emprego construtivo do desejo é a direção consciente dessa ilimitada Energia Divina pela sabedoria. Todo desejo dirigido pela sabedoria leva consigo uma espécie de bênção para o resto da Criação. Todo desejo dirigido pelo Deus Interno brota com sentimento de amor e abençoa sempre."

Ocupei os dias que se seguiram escrevendo este registro de minhas experiências. Certa manhã encontrei, ao despertar, um cartão de ouro sobre a mesa que ficava junto ao meu leito. Pareceu-me ser uma peça de ouro metálico e nela, em bonita caligrafia sombreada numa bela tonalidade violeta, estava escrita apenas uma curta frase:

"Comparecei ao nosso ponto de encontro na montanha às sete da manhã"

Saint Germain.

Pus de parte o cartão, cuidadosamente, e mal pude esperar que se escoasse o tempo intermediário, tão grande era minha ansiedade. De manhã cedo, enquanto preparava o almoço, veio-me um nítido impulso para nada levar comigo. Obedeci e decidi confiar em que minhas necessidades seriam satisfeitas diretamente pelo Suprimento Universal.

Em breve estava a caminho, alegremente, resolvido a não deixar escapar nenhuma oportunidade para fazer perguntas, se permitido fosse. À proporção que me aproximava do lugar marcado, meu corpo tornava-se cada vez mais leve, até que, quando me encontrava a quatrocentos metros, mal tocava o chão com os pés. Não vi sinal de pessoa alguma, de modo que me sentei num tronco de árvore para esperar Saint Germain, sem cansaço algum, conquanto meu percurso tivesse sido de quase 16 quilômetros.

Enquanto eu meditava no maravilhoso privilégio e na bênção que recebera, ouvi estalar um ramo e olhei em torno, esperando vê-Lo. Imaginai minha surpresa quando, a poucos metros de distância, vi uma pantera aproximando-se lentamente... Eu devia estar com os cabelos arrepiados. Queria correr, gritar – fazer qualquer coisa – tão frenético era o sentimento de medo dentro de mim. Teria sido inútil mover-me, pois um salto da pantera ter-me-ia sido fatal.

Meu cérebro rodopiava, tão grande era meu pavor, mas uma idéia me veio claramente, e manteve serena minha atenção: lembrei-me de que tinha a poderosa Presença de Deus dentro de mim mesmo, e que essa Presença era toda Amor. Esse belo animal era também uma parte da vida de Deus e me dispus a olhar para ele, diretamente dentro dos olhos. Então me veio o pensamento de que uma parte de Deus não poderia prejudicar outra. Só tive consciência desse fato.

Um sentimento de amor me arrebatou e saiu como um raio de Luz diretamente à pantera; com ele foi-se o meu medo. Os passos furtivos cessaram e encaminhei-me lentamente para o animal, sentindo que o amor de Deus nos enchia a ambos. Seu repulsivo e feroz olhar suavizou-se; o animal endireitou-se e veio vagarosamente ao meu encontro, esfregando a espádua contra minha perna. Inclinei-me e afaguei sua cabeça macia. Olhou-me nos olhos por um momento e depois deitou-se, rolando no chão como um gatinho brincalhão. O pêlo era de um belo castanho-escuro-avermelhado, o corpo longo, flexível e de grande vigor. Continuei a brincar com ela e quando olhei subitamente para cima, Saint Germain estava a meu lado.

"Meu filho", disse, "vi a grande força que há dentro de vós, de outro modo eu não teria permitido tamanha prova. Conquistastes o medo. Minhas felicitações! Se não tivésseis conquistado o eu exterior, não permitiria que a pantera vos causasse mal, mas nossa associação seria interrompida por algum tempo."

"Nada tenho a ver com a presença da pantera aqui. Isso fazia parte da operação interna da Grande Lei, como vereis antes de cessar a ligação com a nova amiga que encontrastes. Agora que passastes pela prova da coragem, ser-me-á possível prestar-vos muito maior assistência. Tornar-vos-eis cada dia mais forte, mais feliz, e expressareis muito maior liberdade".

Estendeu a mão e num momento apareceram quatro pequenos bolos, de um belo pardo dourado, com cerca de doze centímetros quadrados cada um. Ele ofereceu-me e ordenou que os comesse. Eram deliciosos.

Imediatamente experimentei uma sensação aceleradora, formigante, percorrer todo o meu corpo – sensação nova de saúde e de clareza mental.

Saint Germain sentou-se a meu lado e minha instrução começou.

Capítulo II
O DESERTO DE SAARA

"Em vez de sairdes do corpo físico, como em vossa recente experiência, empregaremos hoje a 'Consciência Projetada'", observou Saint Germain, enquanto colocava o polegar da mão direita entre meus olhos e os outros dedos no alto de minha cabeça. A sensação de uma poderosa corrente elétrica percorreu todo o meu corpo. Retirando a mão, continuou:

"Desejo que tenhais em mente, com firmeza, relembrando sempre para meditação, que as Leis que vos explico e ensino a utilizar são para vos colocar em condições de exercer Mestria consciente sobre todas as forças e coisas terrenas. Isso significa que, sejam quais forem as vossas experiências, estareis sempre, em todos os momentos, de posse plena e consciente de vossa mente e de vosso corpo, sendo-vos possível empregar vossa livre vontade a todo instante."

"Nesse estado de Consciência Projetada, sois completamente consciente e tendes plena Mestria sobre todas as vossas faculdades, a todo momento. Não há nada de comum entre qualquer dessas instruções e seu uso – e os estados de transe ou condição hipnótica, porque tanto no transe como no hipnotismo, a vontade consciente do indivíduo não funciona, o que constitui prática das mais perigosas e desastrosas para aquele que a permite em sua mente e em seu corpo."

"Não há Mestria ou Domínio consciente no transe ou nas práticas hipnóticas, que são extremamente destrutivas e perigosas para o crescimento da alma de quem as aceita. Deveis compreender integralmente que o controle consciente, a Mestria e o uso das forças e coisas desta Terra devem estar sempre sujeitos à direção de vosso Ser Divino ou Deus Interno, por meio da perfeita cooperação e da obediência de todas as faculdades externas, tanto da mente como do corpo, a essa direção interior."

"Não há Mestria sem isso, e aqueles que são conhecidos como Mestres Ascensionados **nunca** impõem qualquer atividade que possa desrespeitar a Lei do Livre-Arbítrio, dada por Deus ao indivíduo."

"Ao estudante poderá ser facultada a experiência da Projeção, se um Mestre Ascensionado desejar expandir-lhe temporariamente a consciência, de modo que possa compartilhar de acontecimentos que se verifiquem em dois ou mais lugares ao mesmo tempo. Em tal estado, as faculdades do discípulo permanecem totalmente sob o domínio e a direção de sua livre vontade, em qualquer momento. Mantém-se integralmente consciente e ativo onde quer que esteja seu corpo, e também no local que o Mestre Ascensionado escolheu para dirigir sua atenção, a fim de receber ensinamentos."

"A razão pela qual um Mestre Ascensionado eleva temporariamente a consciência do estudante consiste em querer mostrar-lhe de que modo poderá ele fazer a mesma coisa por si mesmo, por seu próprio esforço, conscientemente e à vontade."

"A Consciência Projetada consiste no aumento do grau de vibração da estrutura atômica, tanto na mente como no corpo do estudante. Isso é feito pela irradiação de um Mestre Ascensionado e é uma atividade da Luz que aumenta a freqüência de vibração até a nota tônica que Ele estabelece para a experiência. Nos graus mais elevados, o discípulo usa suas faculdades de visão e de audição exatamente como o faz na vida diária, com a diferença de que tais faculdades se acham expandidas na zona ou oitava imediatamente acima da humana."

"Tal uso de nossos sentidos é o mesmo que experimentamos a cada momento no estado de vigília, porque podemos tornar-nos conscientes, exatamente no mesmo instante, do que está perto e do que está longe de nós. A expansão ou contração de nossa consciência é inteiramente dependente daquilo que desejamos. Isso está sempre sujeito ao nosso livre-arbítrio e direção consciente."

"Pode alguém, por sua própria escolha, tornar-se consciente de uma certa árvore de seu jardim ou do jardim inteiro. Esse alguém emprega a mesma faculdade de visão para ver um e outro, exatamente do mesmo modo. Quando deseja ver todo o jardim, faz com que seus olhos ampliem sua atividade, até perceber tudo o que deseja. A expansão maior abrange a menor, de modo que deveis ter consciência do pleno controle de **todas** as vossas faculdades em ambos os lugares, a um mesmo tempo. A atividade que tem lugar é realmente uma ampliação do campo de força no qual atua a vista."

"O emprego de vossa faculdade de visão, nessa projeção ou expansão de consciência, é realizado pelo aumento de freqüência vibratória no nervo ótico. O processo inteiro corresponde ao que sucede quando se utiliza um binóculo."

"Na vida cotidiana, a consciência humana foi acostumada a usar suas faculdades dentro de certas zonas ou campos de força, e a prova disso é que podeis ouvir a voz de uma pessoa que está fisicamente presente no aposento em que estiverdes, e o som da campainha ou telefone em qualquer outra parte da casa, precisamente no mesmo instante. Todas as faculdades da atividade externa são elásticas. Podem ser empregadas quer como microscópio, quer como telescópio, dependendo inteiramente do desejo e da vontade do indivíduo."

"Se alguém pode ter consciência do som no aposento em que estiver seu corpo físico, e perceber, ao mesmo tempo, um som que se verifique dois ou três aposentos mais longe – exatamente pelo mesmo processo numa expansão ainda mais acentuada dessa faculdade, poderá ouvir a uma distância maior.

Para conseguir isso, deverá aumentar a freqüência das vibrações, até alcançar a zona mais distante."

"Quando contemplais essa grande Atividade Divina Interior, não vedes como perfeita e rapidamente os sentidos externos mergulham no íntimo, e o que eram dois torna-se Um?"

"Essa atividade da consciência pode ser aplicada a todos os outros sentidos, aos da visão e da audição. Tal processo de aumento das vibrações é natural, normal e harmônico – tão simples como a sintonização dos vossos rádios com qualquer onda desejada. As ondas hertzianas, bem como as da visão e da audição, são partes da mesma atividade. O som contém cor e a cor contém som. Nas experiências da vida diária, os seres humanos podem ouvir cor e ver som, desde que mantenham suficientemente aquietadas sua mente e suas emoções."

"Dentro de certas oitavas ou zonas, a vibração se registra nos nervos dos olhos, e o resultado é aquilo a que chamamos 'visão'. Outras se registram nos nervos dos ouvidos, e o resultado é o que chamamos 'audição'. Os olhos de uma pessoa comum vêem apenas os objetos cuja freqüência vibratória cai dentro dessas determinadas oitavas; isso porque não consegue ver abaixo da raia ou zona infravermelha, ou acima da ultravioleta. Pela irradiação de um Mestre Ascensionado, a estrutura atômica do cérebro e dos olhos vibra com velocidade bastante para se expandir na oitava imediatamente acima da humana."

"Essa mesma atividade pode ser expandida muitas oitavas além, quer pela irradiação do Mestre, quer por determinação do Ser Divino Interno do indivíduo. Muitas pessoas passam, na verdade, por tais experiências involuntariamente, mas raramente compreendem o que significam ou como ocorrem. Quando indivíduos têm momentos de consciência transcendente, ou se sentem altamente inspirados, é isso o que lhes sucede, embora raras vezes reconheçam a assistência que lhes tem sido dada."

"A Consciência Projetada ou Visão Projetada nada tem a ver com os quadros mentais produzidos por sugestão, que só existem nas mentes de outros seres humanos. Tais pensamentos e quadros são apenas relampejados diretamente para dentro da mente de alguma pessoa, por outra que emite a sugestão. É o mesmo que acontece quando se faz refletir a imagem do Sol num espelho, desviando-a em seguida sobre a parede."

"A sugestão é tão diferente da Consciência Projetada, como pensar num lugar e estar fisicamente nele. A projeção é vívida, animada, real como quando vosso corpo físico realiza uma experiência, porque é a ação de vosso próprio Deus Interno, com Quem o Mestre Ascensionado é Um."

Saint Germain e eu nos tornamos, então, observadores e atores de uma cena do passado distante. Novamente, eu me sentia exteriormente consciente de compartilhar de acontecimentos que me eram mostrados em pensamento, sensação e ação. O processo inteiro era tão natural e normal como o respirar, e a única sensação estranha que eu experimentava era o sentimento de maior liberdade e uma impressão de Domínio. Ficamos ambos imóveis por alguns momentos, enquanto Ele reanimava os anais etéricos, e minha instrução começou:

"Isto é o deserto de Saara", disse, "quando era uma região fértil e desfrutava um clima subtropical".

"Havia numerosas correntes de água levando abundante umidade a todas as partes do país. No meio desse império estava a capital, famosa no mundo inteiro por seu esplendor. Os edifícios do governo eram situados no centro, numa ligeira elevação, e a partir daí a cidade estendia-se simetricamente em todas as direções."

"Esta civilização", prosseguiu, "atingiu seu apogeu há setenta mil anos".

Entramos na cidade e sentimos uma atividade rítmica singular, que dava estranha sensação de leveza enquanto caminhávamos. O povo movia-se com grande graça e agilidade. Perguntei a Saint Germain a razão disso e Ele respondeu:

"Essas pessoas se lembravam de sua Fonte e sabiam serem filhos de Deus, portanto, possuidoras e operadoras de poder e sabedoria, que para vós poderiam parecer milagrosos e sobre-humanos. Verdadeiramente falando, não existem milagres, porque tudo está de acordo com a Lei, e aquilo que parece miraculoso ao atual conceito humano é apenas o resultado da aplicação de leis que a presente consciência da humanidade não consegue captar, parecendo-lhe, portanto, estranho e singular, por ter-se afastado de sua origem divina."

"Quando a realidade da vida é corretamente compreendida, toda manifestação que parece milagrosa à vossa consciência atual passa a ser uma experiência tão natural e normal como a formação de palavras para quem conhece o alfabeto. Os chamados 'milagres' são todos produtos de uma sempre expansiva e progressiva manifestação de Vida na forma, e ocorrem em todos os tempos, por um regular e ordenado processo da Lei, em amor e paz."

"Não importa quão estranha, incomum e impossível possa parecer uma experiência ao atual estado mental da humanidade: isso não é prova de que não haja uma Lei Maior e uma Inteligência Superior em ação, produzindo maiores maravilhas em torno de nós, o tempo todo."

"O conhecimento dos maiores cérebros da humanidade de hoje está, para essa Grande Sabedoria e Poder Interno, como a compreensão de uma criancinha para o estudo de Cálculo Integral."

Num edifício do grupo central, encontramos os ocupantes vestidos com os mais lindos tecidos, de cores suaves e brilhantes, que se harmonizavam com a decoração interior. Um deles, atuando como guia, levou-nos ao edifício central e lá nos apresentou ao rei desse grande povo. O rei demonstrou ser – Saint Germain.

Via-se, ao lado dEle, uma linda jovem. Seus cabelos, como fios de ouro, caíam quase até o chão, e tinha olhos de um

penetrante azul-violeta. Todo o seu porte era de amável autoridade. Olhei interrogativamente para Saint Germain, desejando saber quem poderia ser ela, quando Ele respondeu:
"Lótus."

Ao lado dela estava um jovem de cerca de vinte anos de idade e um rapazinho de quatorze anos, talvez. O jovem era aquele que tínhamos visto como Grão-Sacerdote no templo de Luxor, e o rapazinho, o sacerdote assistente. Eram filhos do rei. Novamente estávamos nós trabalhando juntos.

"Com essa visão de vidas anteriores", continuou Saint Germain, "entremos na atividade deste abençoado povo. Digo propositadamente 'abençoado', e em breve vereis por quê. A maioria deles ainda retinha o pleno uso consciente de toda a sua sabedoria e poder, como filhos de Deus, e isso eles manejavam quase sem limites, sabendo perfeitamente bem de onde provinha e para que o haviam herdado."

"O eu externo era apenas o instrumento do Eu Divino, como deveria ser, e só lhe era permitido fazer aquilo para o qual fora criado. Naturalmente, o Grande Eu Interior podia atuar livremente, e em conseqüência disso, a perfeição e a atividade desse período deram origem a magníficas realizações."

"Ao tempo dessa antiga civilização, todo o Império era impregnado de grande paz, felicidade e prosperidade. O rei-imperador era um Mestre da Sabedoria Antiga e uma verdadeira "Taça da Luz". Governava por essa Luz e seu Império era o exemplo vivo da Perfeição."

"Durante séculos", continuou Saint Germain, "essa perfeição foi mantida sem exército ou forças navais de qualquer espécie. A direção do povo estava confiada aos cuidados de quatorze Ascensionados Mestres de Luz, trabalhando dois em cada um dos Sete Raios. Formavam, assim, focos visíveis da poderosa Atividade Divina. Abaixo desses quatorze Seres Luminosos havia quatorze Mestres menores, que formavam as diretorias de sete departamentos, controlando as atividades da Ciência, Indústria e Arte. Cada um dos chefes de departamento guiava o trabalho a seu cargo por meio de contato consciente e direto com o Deus nele próprio. Por isso, toda orientação e instrução vinham diretamente de sua Fonte, para aqueles que lhes estavam abaixo. Assim, a Divina Perfeição fluía constantemente, sem qualquer interferência humana."

"Essa forma de governo era, sob qualquer aspecto, a mais notável, próspera e satisfatória. Desde essa época, nunca mais houve na Terra coisa alguma que se aproximasse, ao menos, de tal realização. Nos anais antigos, que chegaram até os dias presentes, essa civilização era sempre referida como Idade de Ouro, e de fato o era, em todas as atividades da vida."

"Em vossa amada América, em futuro não muito distante, surgirá um reconhecimento semelhante do Eu Real Interior, e seu povo o expressará em grandes realizações. A América é uma terra de Luz e sua Luz brilhará, luminosa como o sol do meio-dia, entre as nações da Terra. Ela foi uma terra de grande Luz, em eras remotas, e tornará a entrar na posse de sua herança espiritual, porque nada pode impedir isso. É forte de corpo e espírito – mais forte do que pensais – e essa força ela desenvolverá para erguer-se e arremessar, de ponta a ponta, tudo o que pesadamente a oprime nos tempos atuais."

"A América tem um destino de grande importância para as outras nações da Terra e Aqueles que a têm guardado por séculos, **guardam-na ainda**. Por meio de Sua proteção e amor, ela cumprirá esse destino. América! Nós, a Hoste Ascensionada de Luz, te amamos e te protegemos. América! Nós te amamos."

"Uma forma semelhante de governo surgirá mais tarde, quando tiverdes arremessado para longe certas limitações internas que se agarram como fungos, e sugam vossa força como um vampiro. Amados da América, não vos desencorajeis quando descerem as aparentes nuvens escuras. Cada uma delas vos mostrará sua fímbria dourada. Por trás da nuvem, que parece ameaçar, está a Luz de puro cristal de Deus e Seus mensageiros, os Ascensionados Mestres de Amor e Perfeição – velando pela América, pelo governo e seu povo. Repito: América! Nós te amamos."

"Uma por uma, estão surgindo grandes almas despertas que se tornarão claramente conscientes de seu próprio poder divino, o inerente Poder de Deus, e essas serão colocadas em todas as posições oficiais do governo. Serão mais interessadas no bem-estar da América do que nas suas ambições pessoais e riquezas particulares. Então, uma outra Idade de Ouro reinará na Terra e será mantida por um éon*."

"No período imediatamente anterior a este que ora presenciais, o povo usava grandes aeronaves como meio de transporte. Tendo o desenvolvimento alcançado um ponto ainda mais alto, pouca necessidade tinham de tais veículos, exceto nos distritos mais afastados. Toda a classe oficial, por ser composta das almas mais espiritualmente avançadas daquela raça, podiam locomover-se nos seus corpos mais sutis para tudo o que desejavam, tal como fizestes em vossa recente experiência em Luxor. Podiam, também, transportar à vontade o corpo físico, porque o emprego do poder que tinham de anular a gravidade lhes era tão natural como é para vós o respirar."

"O ouro era um meio econômico comum nessa era, como em todas as Idades de Ouro, porque sua irradiação natural é uma energia ou força que purifica, equilibra e vitaliza. É posto no interior da terra pelos Senhores da Criação – esses grandes Seres de Luz e Amor que criam e dirigem mundos, sistemas de mundos, e a expansão de Luz nos seres que sobre eles habitam."

"A mente externa ou intelecto humano possui pouca – muito pouca compreensão mesmo – do real objetivo da existência do ouro neste planeta. Ele cresce dentro da terra como uma planta, e através dele está-se derramando constantemente uma

---

* Éon – A maior subdivisão do tempo, seguindo-se de era e período.

purificante, vitalizante e equilibradora corrente de energia dentro do próprio terreno onde caminhamos, bem como na vegetação da Natureza e na atmosfera que respiramos."

"O ouro foi colocado neste planeta para usos vários, sendo dois dos quais os mais triviais e sem importância: o seu emprego como meio de câmbio e para ornamentação. A maior atividade e finalidade do ouro, dentro e sobre a terra, é ceder sua própria qualidade natural e energia para purificar, vitalizar e equilibrar a estrutura atômica do mundo."

"O mundo científico de hoje não tem qualquer suspeita, até agora, dessa atividade. Entretanto, o ouro desempenha a mesma função, na terra, que os radiadores em nossas casas. O ouro é um dos meios mais importantes pelos quais a energia do Sol é fornecida ao interior da terra – e um equilíbrio de atividades é mantido. Como condutor dessa energia, ele age como um transformador, a transmitir a força do Sol para o interior da substância física do nosso mundo, assim como para a vida que se estende sobre ele. A energia contida no ouro é realmente a radiante força eletrônica do Sol, atuando numa oitava mais baixa. O ouro é, às vezes, denominado 'um raio de sol precipitado'."

"Como a energia contida no ouro tem um grau vibratório extremamente alto, ele só pode atuar sobre as mais finas e mais sutis expressões de vida, através da absorção. Em todas as Idades de Ouro esse metal entra em uso pelo povo, de maneira profusa e generalizada, e sempre que isso sucede, o desenvolvimento espiritual de tal povo alcança um estado muito elevado. Nessas idades, o ouro nunca é armazenado às escondidas; ao contrário, é largamente distribuído para o uso das massas que, absorvendo sua energia purificante, são elevadas a uma vibração mais alta. Tal é o correto emprego do ouro, e quando essa Lei é conscientemente compreendida e obedecida, o indivíduo pode atraí-lo a si em qualquer quantidade que o deseje."

"Por causa dos depósitos de ouro em todas as cadeias de montanha, encontra-se saúde e vigor ao viver nesses locais como não se pode encontrar em nenhum outro lugar da superfície da Terra. Ninguém jamais ouviu falar de efeitos nocivos sobre aqueles que manejam constantemente o ouro puro. Conquanto em seu estado de pureza seja mole e desgaste-se facilmente, ainda assim conserva essa mesma propriedade e preenche a finalidade de que acabo de falar."

"Os indivíduos mais adiantados desses povos produziam muito ouro por precipitação direta do Universal. As cúpulas de muitos edifícios eram cobertas com lâminas de ouro puro, e os interiores, decorados com pedras preciosas, de desenhos curiosos e maravilhosos. Essas jóias eram também precipitadas da Única Substância Eterna."

"Como em todas as épocas passadas, havia uma parte do povo que se tornou mais interessada nos prazeres temporais dos sentidos do que no grandioso Plano de Criação do poderoso Deus Interior. Isso fez com que tais elementos perdessem consciência do poder divino no país, até que esse poder só permaneceu ativo em poucos lugares além da capital. A capital era chamada 'Cidade do Sol'."

"Aqueles governantes acharam que deveriam retirar-se e deixar o povo aprender, através de dura experiência, que toda a felicidade e todo o bem vêm da adoração da Divina Presença Interior, e que esse povo deveria voltar para a Luz para ser feliz."

"O rei-imperador, vendo pela Sabedoria Interna, que o povo se emaranhava cada vez mais profundamente na satisfação dos sentidos, compreendeu que não estava no Plano Divino manter por mais tempo o reinado. Foi instruído por Aqueles que Lhe eram superiores em autoridade espiritual, a dar um banquete anunciando sua decisão de retirar-se, e assim, dizer adeus aos seus súditos."

"Reuniu os conselheiros e lhes deu instruções sobre o banquete, ordenando que se celebrasse no lugar mais magnífico do Império, conhecido como a Sala das Jóias, no palácio do rei. A sala foi iluminada com globos de luz própria, que emitiam uma irradiação branca e brilhante. Eram suspensos do teto por correntes de cristal. Conquanto a luz fosse intensa e brilhante, tinha um efeito extremamente agradável sobre o corpo, dando aos que estavam sob sua irradiação uma sensação de grande calma e bem-estar. A luz no globo central fazia resplandecerem as jóias no desenho do sol nascente, que formava o medalhão no meio do teto."

"O salão do banquete tinha sido cuidadosamente decorado e nele havia 24 mesas de ônix branco, em cada uma das quais se sentavam 24 convivas. Era a primeira vez que os conselheiros do rei e seu estado-maior tinham sido convidados todos na mesma ocasião. A notícia do festim causou muitos comentários entre o povo, que debatia intensamente o assunto, cada qual com seu vizinho; mas para todos era um mistério, pois ninguém conseguia descobrir-lhe a finalidade."

"Veio, finalmente, a tarde do acontecimento. Ninguém suspeitava da tristeza que existia no coração do nobre regente, nem poderia sonhar com a mudança que em breve os atingiria. Chegada a hora, os convivas reuniram-se e tudo transpirava mistério."

"As grandes portas de bronze do salão do banquete oscilaram, abrindo-se majestosamente, e a eclosão de uma música transcendente – como que tocada no invisível por uma orquestra gigantesca – fez-se ouvir, surpreendendo mesmo aqueles que conheciam o extraordinário poder de seu adorado monarca. Ele era considerado quase como um Deus pelo povo, tão grande era o amor e a admiração que tinham pela sua sabedoria e pela assistência que a todos constantemente prodigalizava."

"Quando cessou a música triunfal, o rei entrou, acompanhado de seus filhos. A jovem era uma visão de formosura. Trajava vestido de suave tecido de ouro, diferente de qualquer fazenda do nosso mundo moderno. A capa parecia estar coberta de diamantes, pois a cada movimento de seu corpo cintilavam pontos de luz. Os louros cabelos, caindo-lhe sobre os ombros, eram apanhados por duas fivelas de esmeralda. Em sua fronte havia uma fita de metal branco, cravejada de diamantes, tendo no centro o que parecia ser um grande diamante, mas que, na realidade, era uma poderosa condensação de Luz, aí focalizada e mantida por seu pai."

"O rei era o único, em todo o Império, encarregado do uso de tão transcendente poder. A família real nunca tinha usado essas "jóias de Luz" em suas relações com o mundo exterior, até essa noite. O emprego de tal poder só era permitido no seu culto secreto ao Grande Deus Interno, de cuja suprema Presença eles eram intensa e permanentemente cientes."

"O imperador e seus dois filhos trajavam roupas ajustadas, do mesmo tecido de ouro flexível da filha. Essas roupas eram macias como camurça, embora feitas de ouro metálico, com peito de armas semelhante a um grande sol de jóias. Calçavam sandálias do mesmo material, também cravejadas de pedras preciosas, e a maravilhosa jóia de Luz permanecia na fronte de cada um."

"O rei fez um sinal e os hóspedes se sentaram. Com voz possante e majestosa, emitiu uma invocação das profundezas de seu coração ao Uno Supremo e Infinito:

"'Ó Tu, Poderosa Fonte Onipresente! Tu, que governas o Universo, a Chama em cada coração humano! Nós Te rendemos amor, louvor e gratidão por Tua própria Vida, Luz e Amor em todas as coisas. Nós Te adoramos e só em Ti confiamos, a Presença em todas as coisas visíveis e invisíveis, evoluídas e não evoluídas. Tu, Corrente de Vida fluindo incessantemente, que Te derramas por todo o sempre em toda a Criação, o Próprio Uno em tudo.'"

"'Meu coração chama a Ti como nunca fez, para que despertes meus súditos para a compreensão do perigo a que se expõem, porque ultimamente cresce entre todos a indiferença a Ti como se fora um sopro venenoso que produzisse o sono da alma, lançando diante deles um véu que impede a visão de Tua brilhante Presença.'"

"'Se eles devem sofrer a experiência que queima e consome as escórias e as nuvens do eu exterior, ajuda-os então, e por fim, abarca-os em Tua eterna Perfeição. Eu Te conjuro, ó Tu, Criador do Universo – ó Tu, Supremo Deus Onipotente!'"

"O rei sentou-se e todos aguardaram em silenciosa expectativa. Em poucos momentos, o prato para cada indivíduo apareceu diante deles. Uns após outros eram servidos como por mãos invisíveis, chegando o alimento em maravilhosos cristais e recipientes incrustados de jóias; desaparecia logo que todos acabavam de servir-se e era seguido imediatamente por outras iguarias. Finalmente, terminou o mais primoroso banquete que o Império jamais conheceu, até sua extinção. Tudo voltara ao silêncio, como em opressora expectativa, antecipando algum acontecimento extraordinário."

"O rei levantou-se e permaneceu alguns momentos esperando calmamente. Súbito, uma taça de cristal apareceu na mão direita de cada um dos convivas. Elas se encheram com uma condensação de pura Essência Eletrônica e todos aqueles que dela beberam, sem levar em conta as longínquas idades por onde suas correntes de vida se estendiam, ou a variedade de suas experiências, tornaram-se incapazes de esquecer completamente seu Eu Divino Interior. Essa proteção da alma foi concedida a todos os convidados ao banquete, como uma recompensa por sua fé e lealdade ao Deus neles mesmos, ao rei e ao Império. Os conselheiros e todos os presentes tinham servido sincera e continuamente, para o bem do Império, tendo-lhes sido dada, por esse serviço, proteção anímica através dos séculos."

"Cada um levantou o cálice e bebeu em homenagem ao 'Deus em si mesmo' – à sua própria Chama do Mais Alto Ser

Vivente. O desenrolar do banquete foi difundido para todo o Império através de um rádio semelhante ao que usamos hoje. Não era maior que um prato, mas era bastante potente para captar o que estava acontecendo em qualquer ponto da superfície da Terra."

"Depois da saudação ao Eu Divino em cada um, ficaram todos em absoluto silêncio, a própria atmosfera parecendo estar completamente imóvel. Dentro de poucos momentos, uma Presença maravilhosa lentamente tornou-se visível diante do rei."

"Essa Presença era um Mestre Cósmico vindo do 'Grande Silêncio'. Um murmúrio de medo e de surpresa passou pelos convivas mediante essa aparição, como se reconhecessem, com assombro, Um dAqueles de quem tinham ouvido falar durante muitos séculos, mas cuja Presença ninguém ainda tinha visto. Erguendo a mão direita, assim se dirigiu aos presentes e a todos os habitantes do Império:"

"'Ó Filhos da Terra! Eu vos trago uma advertência de séria importância, numa ocasião de crise excepcional. Erguei-vos acima da armadilha dos sentidos, que vos está engolfando! Despertai de vossa letargia, antes que seja tarde demais! Vosso rei – meu Irmão na Luz – deve retirar-se e deixar-vos entregues à experiência que escolhestes, e que lentamente vos está seduzindo na direção de suas várias ciladas. Vós mesmos vos entregastes à ignorância e às emoções descontroladas do eu exterior.'"

"'Pouca atenção e ainda menos adoração dedicais à vossa Fonte – o Supremo, o Poderoso, o Radiante, o Majestoso, a Causa Infinita de tudo o que existe – o Criador e Mantenedor de todos os mundos. Vós não exprimis gratidão à Grande Presença Gloriosa – o Senhor do Amor – pela própria vida mediante a qual existis.'"

"'Oh! Por que não sois gratos nem ao menos pelas bênçãos que a Natureza tão prodigamente derrama, pela abundância que vos vem através desta linda terra e de vosso próprio governante, sábio e altruísta? Vós agradeceis uns aos outros os favores – coisas do sentido e da forma, que são tão efêmeras, que passam de pessoa a pessoa e se acabam; mas por que, oh! por que esqueceis a Fonte de toda a Vida, todo o Amor, toda a Inteligência, todo o Poder?'"

"Povo! Ó povo! Onde está vossa gratidão à Vida pelo amor, pela magnificência da experiência que usufruís a cada momento, a cada hora, todos os dias, ano após ano? Dizeis ser vosso tudo isso, mas tudo sempre pertenceu, pertence e pertencerá à grande e única Fonte de Vida, Luz, Amor e todo o Bem – Deus – o Supremo, o Adorável, o Onipresente.'"

"'Depois que criastes – pelo abuso da energia de Vida pura, perfeita e imaculada que o Onipenetrante derrama sobre vós constantemente – condições tão destrutivas e penosas que não podeis suportar, vos voltais em desespero, agonia ou rebelião e pedis a Deus para aliviar vossa miséria. Esta é vossa oferenda ao Doador de todo o Bem, em retribuição pela incessante Perfeição que Ele distribui continuamente em supremo amor. A única condição mediante a qual o Grande Eu Interno tudo dá, é usar tudo corretamente, para que Ele possa abençoar o resto da Criação com infinita alegria, atividade harmoniosa e Perfeição.'"

"'Quando, no abismo da miséria, voltais novamente à vossa Fonte para reparação de vossos delitos, clamais na agonia do desespero ou, se rebeldes sois, culpais a vida e a Fonte de todo o Bem por permitirem a existência do que chamais 'injustiça e condições errôneas', em vós e no mundo que vos rodeia.'"

"'Entretanto, vós, o pequeno eu pessoal, é que sois injustos para com a vida, vós que sois incorretos, vós que criais a miséria na Terra; porque só a humanidade, com o livre-arbítrio para criar o que lhe aprouver, agindo cada indivíduo por seus próprios pensamentos e sentimentos, ousa trazer à existência a discórdia, a miséria e a deformidade que se manifestam sobre a Terra. Isso constitui uma nódoa para a Criação e a Perfeição, porque vibra para sempre na Grande Melodia Cósmica da Canção Eterna.'"

"'Só a humanidade é culpada de causar dissonância na Música das Esferas, porque tudo o mais vive e age de acordo com a Lei do Amor, da Vida, da Harmonia e da Luz. Tudo o mais se mistura no todo harmonioso – o Corpo do Infinito Todo-Harmonioso que tudo ama.'"

"'Todos os outros reinos de Vida e Luz movem-se e criam segundo o princípio fundamental em que repousa toda a Perfeição. Esse princípio é o Amor. Não fossem os Grandes Seres Altruístas como o vosso governante, da Grande Hoste dos Mestres Ascensionados – cuja verdadeira nota-chave de existência é o Amor – a humanidade há muito já teria destruído a si mesma e ao próprio planeta sobre o qual vive.'"

"'As transcendentes e magníficas atividades de Amor e Luz são as condições naturais nas quais Deus criou Seus filhos humanos, e esperou que eles se manifestassem – obedecendo à Sua ordem – Amar! Não há condição sobrenatural em parte alguma do Universo. Tudo o que é transcendente, belo e perfeito é natural e de acordo com a Lei do Amor. Qualquer coisa fora disso é antinatural. A experiência diária da Hoste dos Mestres Ascensionados é a Perfeição em que os filhos de Deus foram destinados a viver para sempre. Os filhos da Terra expressaram sua Perfeição uma vez em um ciclo anterior, que constituiu uma Idade de Ouro.'"

"Essa civilização anterior – essa antiga Perfeição – é

mais velha do que imaginais, mais velha do que supondes ser o planeta. Toda a humanidade nesse período vivia em um estado transcendente, semelhante ao dos Mestres Ascensionados. As condições de miséria que se seguiram a essa época, surgiram porque a humanidade preferiu desviar-se de sua Fonte – Amor – como conduta para viver a vida.'"

"'Quando os filhos da Terra desviam os olhos do Amor, estão escolhendo, deliberada e conscientemente, a experiência do caos. Aquele que procura viver sem Amor não pode sobreviver por muito tempo em lugar algum da Criação. Tais esforços estão destinados a acarretar fracasso, miséria e dissolução. Tudo o que se ressente da falta de Amor deve voltar ao caos informe, para que sua substância possa ser novamente usada em combinação com o Amor, produzindo assim uma forma nova e perfeita.'"

"'Essa é a Lei, tanto da vida universal como da vida individual. Ela é imutável, irrevogável, eterna, entretanto benevolente, porque a Criação manifestada na matéria existe para que Deus possa ter alguma coisa onde derramar Amor, e assim, expressar-se em ação. Essa é a Lei do poderoso Uno, da qual tudo mais procede. Ela é o 'Mandado da Eternidade' e a vastidão, o esplendor dessa Perfeição não podem ser descritos por meio de palavras.'"

"'Se não houvessem essas atuais, reais, permanentes e perfeitas condições de vida e experiência, que transcendem em muito a descrição humana, a existência seria apenas uma máscara sobre a estupenda atividade de Vida que vibra eternamente em toda a Criação. Existem aquelas altas, harmoniosas e transcendentes Esferas – reinos de atividade e consciência individual e cósmica – onde a Criação permanece continuamente em alegria, em amor, em liberdade e em Perfeição."'

"'Essas esferas são reais, verdadeiras e muito mais permanentes do que vossos corpos e edifícios no mundo físico que vos rodeia. Esses reinos de vida são feitos de substância tão carregada de Amor que jamais podem possuir uma qualidade ou atividade de discórdia, imperfeição ou desintegração a eles impostas ou registradas dentro deles. Como são baseadas no Amor, a Perfeição de tal manifestação é mantida eternamente, sempre ativa, sempre expansível, abençoando com alegria tudo o que existe."'

"'Trazeis para cima de vós mesmos a desgraça que vos obriga ao renascimento contínuo, pois cultivais a ignorância dos sentidos, dos apetites humanos e desejos do eu exterior. Tais apetites da natureza sensorial do gênero humano são, em si mesmos, apenas um acúmulo de energia a que o indivíduo, através de seus pensamentos e sentimentos, imprimiu qualidade, de uma ou de outra espécie. Essa energia mal qualificada atinge um *momentum** através da expressão humana, e se transforma em hábito. O hábito é tão somente energia especificamente qualificada e focalizada, por um tempo, num certo objetivo."'

"'Os apetites dos sentidos das vidas precedentes tornam-se as forças propulsoras e hábitos nas vidas subseqüentes, mantendo-vos escravizados, presos à roda do carro da discórdia, das privações e da necessidade, fazendo-vos rodopiar num labirinto de problemas humanos e experimentos de vossa própria criação, obrigando-vos a aprender a obedecer à Lei do Amor – A Lei do Uno."'

---

* Ponto de saturação da energia acumulada, tanto positiva como negativamente qualificada.

"'Vossos desatinos vos agridem sem parar, até que estejais dispostos a compreender a vida e a obedecer Sua Lei do Uno – Amor. Girais de vida em vida, experimentando discórdia sobre discórdia, até que aprendais a viver a Lei do Amor.'"

"'Esta é uma atividade propulsora a que ninguém escapa, e continua até que o eu externo investigue a razão de sua miséria e compreenda que sua libertação da experiência dos sofrimentos só se pode efetuar pela obediência à Lei do Amor. Tal obediência começa como calma, paz e bondade nos sentimentos, cujo centro se acha no coração. Seu contato com o mundo exterior deve realizar-se através do sentimento interior.'"

"'O Amor não é uma atividade da mente, mas a pura e luminosa Essência que cria a mente. Essa Essência da Grande Chama de Deus flui para dentro da substância e constantemente se derrama como Perfeição, em forma e ação. O Amor é a Perfeição manifestada. Ele só pode expressar paz, alegria e um transbordamento desses sentimentos para toda a Criação, incondicionalmente. Não pede nada para Si mesmo, pois Ele é eternamente autocriador, sendo o pulsar do coração do Supremo. O Amor é dono de tudo e só está interessado em fazer funcionar por completo o Plano de Perfeição. Então, Ele é um constante derramar de Si mesmo. Não toma conhecimento do que foi dado no passado, mas recebe Sua alegria e mantém Seu equilíbrio pelo fluir de Si mesmo. Por estar essa Perfeição contida no Amor fluindo eternamente, é incapaz de registrar qualquer coisa que seja contrária a Sua Perfeição.'"

"'O Amor, sozinho, é a base da harmonia e o correto uso de toda a energia de vida. Na experiência humana, o Amor cresce dentro de um desejo de dar, dar sempre, dar toda a paz e harmonia do indivíduo para o resto da

Criação.'"

"'Povo! Ó povo de todas as eras! Só bastante Amor poderá fazer-vos voltar ao céu que outrora conhecestes e habitastes. Aí, uma vez mais, abraçareis a plenitude da Grande Luz que tudo dá através do Amor.'"

"'Um príncipe, em visita, aproxima-se de vossas fronteiras. Entrará nesta cidade procurando a filha de vosso rei. Ficareis sob o governo desse príncipe, mas o reconhecimento de vossos erros será inútil. Nada pode vos valer, porque a família real ficará sob a proteção e o cuidado dAqueles cujo poder e autoridade são de Deus, e contra quem nenhum desejo humano pode jamais prevalecer. São os Grandes Mestres Ascensionados de Luz da Etérica Cidade de Ouro, situada sobre esta cidade. Lá, vosso governante e seus amados filhos habitarão por um ciclo de tempo.'" Dirigindo-se ao rei, disse:

"'Eu vos abençôo, nobre e paciente Irmão! Amor e abnegação constituíram o serviço que prestastes ao vosso povo. Profunda e eterna é vossa devoção ao Supremo – a Fonte de toda a Criação. A Etérica Cidade de Ouro vos aguarda e alegremente vos saúda e aos vossos filhos.'"

"'Dentro de Sua irradiação, vivereis servindo através dos raios de Luz que fluem perenemente dAqueles que lá residem, até que este vosso povo se redima pela obediência à Lei do Amor.'"

"'Este Império de Luz existe sobre a terra que tanto amastes. É composto de substância etérica autoluminosa e está situado acima da cidade física que é vossa capital. É real, absolutamente real e muito mais permanente que qualquer cidade terrena, porque a Luz é indestrutível, e a Cidade de Ouro é feita de Luz. Dentro dela, nenhum pensamento desarmonioso ou condição perturbadora de qualquer espécie pode jamais ocorrer.'"

"'Voltarei dentro de sete dias para levar-vos e a vossos filhos à Cidade de Luz, de onde observaremos o progresso da humanidade e conduziremos para a Luz todos que se disciplinarem e se prepararem. Envolvendo a Cidade, há um invencível cinto de força eletrônica, através do qual é impossível passar qualquer coisa que não seja a Luz.'"

"Quando acabou de falar, abençoou a família real, os convidados e o Império, e nos momentos de silêncio que se seguiram, Sua Luz e o contorno de Seu corpo desvaneceram-se cada vez mais, até que desapareceram por completo."

"Um murmúrio percorreu a grande sala de banquetes e quando todos olhavam para o rei, sua cabeça abaixou-se em reverente silêncio. Depois, levantou-se lentamente, dirigindo um 'boa noite' aos seus hóspedes."

No sétimo dia, o Irmão que veio do Silêncio voltou, e envolvendo o rei e seus filhos em sua própria aura flamejante, retirou-se para a Etérica Cidade Dourada de Luz.

"O príncipe visitante chegou no dia seguinte, percebeu as condições do Império e a consternação que ainda dominava o povo. De pronto, planejou ardilosamente tornar-se seu governante. Isso realizou sem encontrar oposição. Dois mil anos mais tarde, a maior parte desse império transformara-se em terras áridas; os rios haviam secado e a desolação estendia-se por toda parte. Era tudo resultado da discórdia e do egoísmo da humanidade, inclusive a devastação que se abateu sobre o crescimento dos vegetais, na Natureza. Esse império se estendia por toda a largura da África e prosseguia em direção ao oriente, até alcançar as montanhas de Himalaya.

"Seguiu-se um grande cataclismo, submergindo toda a região. Como conseqüência dessa transformação, formou-se um mar interior, onde agora se estende o deserto de Saara. Uma outra mudança, na Terra, que teve lugar há cerca de doze mil anos, drenou esse mar, e uma parte dele, mais tarde, tornou-se o atual deserto de Saara. O rio Nilo, tal como é hoje, muito se assemelha aos belos cursos d'água desse período há longo tempo esquecido."

Assim terminou nossa observação daquelas tão antigas cenas. Eu mal podia acreditar nos meus próprios sentidos, tão espantado estava com o modo pelo qual as experiências do passado eram reavivadas – as imagens projetadas nas três dimensões – e a atividade do povo retratada nessa época longínqua.

Compreendendo como eu estava surpreso e desacostumado de tais atividades, Saint Germain prometeu levar-me ao arquivo material desse período e de seu povo, e dar-me a prova física de que não se tratava de uma visão conjurada por Ele.

Lançando um olhar pelas proximidades do tronco onde estávamos sentados, vimos perto a pantera que dormia profundamente. Saint Germain iniciou a explicação de várias etapas importantes na aplicação das mais elevadas leis, para a manifestação do Domínio inerente a cada um, sobre as coisas do mundo dos sentidos. Isso levou-O a explicar como Ele era capaz de expressar tal juventude e Perfeição num corpo tão velho, segundo o processo humano de contar o tempo.

"A eterna juventude", explicou, "é a Chama de Deus habitando no corpo do homem – a dádiva de Si Mesmo, do Pai à Sua Criação. A mocidade e a beleza, tanto do corpo como do espírito, só podem ser permanentemente conservadas pelos indivíduos que são bastante fortes para impedir a entrada da discórdia, e aquele que assim o faz pode expressar e manter Perfeição."

"Quando paz, Amor e Luz não habitam dentro dos pensamentos e sentimentos de um ser humano, nenhuma soma de esforços físicos pode conservar o eu externo expressando juventude e beleza. Estas existem eternamente dentro da Chama de Deus, que é o Eu Divino de todo indivíduo. Qualquer discórdia que o eu exterior permita prorromper através dos pensamentos e dos sentimentos, é estampada **naquele instante** na carne do corpo físico. Juventude eterna e beleza são autocriadas e sempre existentes dentro da Chama de Vida de Deus em cada ser humano. Esse é o Plano de Deus para manifestar Sua Perfeição dentro do mundo da forma e mantê-la para todo o sempre."

"Juventude, beleza e Perfeição são atributos do Amor que o Eu Divino está continuamente derramando em Sua Criação. No íntimo de cada indivíduo está colocado o poder, bem como os meios de manter e aumentar essa perfeita e sempre expansiva atividade da Criação."

"O Poder de Realização é a energia do Eu Divino em cada ser humano que nasce no mundo. Está ativo em todos os momentos, em vossa mente, em vosso corpo e em vosso ambiente. Não há um instante em que essa poderosa energia não esteja fluindo através de cada indivíduo. **Tendes o privilégio de qualificá-la como vos aprouver, ao comando de vosso livre-arbítrio, por meio do pensamento e do sentimento conscientemente dirigidos**."

"O pensamento é a única coisa no Universo que pode criar vibração, e pela vibração dais a essa energia sempre fluente a qualidade que desejais manifestar em vossa vida ou em vosso mundo. Essa ilimitada, inteligente e radiante energia flui incessantemente através de vosso sistema nervoso e é eterna Vida e vitalidade na corrente sangüínea, circulando em vossas veias. É uma atividade toda-poderosa, onipresente e inteligente que vos é dada pelo Pai – o Princípio Divino da Vida – para ser conscientemente dirigida de acordo com o vosso livre-arbítrio. A Inteligência Real, que tudo usa de modo construtivo, vem somente de dentro do Princípio de Deus – a Chama de Vida – e não é mera atividade do intelecto. Verdadeira Inteligência é Sabedoria ou Conhecimento de Deus; assim, não emite nem pode emitir maus pensamentos. Estes provêm somente de impressões causadas no intelecto pelo mundo que cerca o indivíduo. Se os homens distinguissem seus próprios pensamentos, isto é, os pensamentos de dentro da Chama de Deus das sugestões oriundas dos intelectos de outras pessoas, incluindo as impressões dos sentidos, que só consideram as aparências, seriam capazes de evitar todas as atividades e condições discordantes no mundo da experiência."

"A Luz Interior, a Chama de Deus dentro de cada um é o critério – o padrão de Perfeição pelo qual todos os pensamentos e sentimentos que vêm até nós através dos cinco sentidos deveriam ser testados. Ninguém pode manter seus pensamentos e sentimentos qualificados com Perfeição se não for à Fonte de Perfeição, porque essa qualidade e atividade só habitam dentro da Chama de Deus."

"Esta é a necessidade que tem o indivíduo de meditar sobre a Luz de Deus dentro de si mesmo, e com Ela manter-se em comunhão. A Essência Pura da Vida não só vos dará e conservará a eterna juventude e beleza do corpo, como também vos tornará capaz de manter perfeito equilíbrio entre vosso Deus Interno e o eu externo ou eu pessoal. De fato, essa pura Energia de Vida é o poder que o eu externo usa para manter conexão com sua Fonte Divina – o Deus Interno. Na realidade, esses dois são Um, exceto quando o intelecto ou atividade externa da mente – a consciência sensorial – aceita imperfeição, desarmonia, deficiência, ou se julga uma criação à parte da onipenetrante Presença de Vida. Se a consciência dos sentidos considera-se algo separado de Deus-Perfeição, então essa condição é estabelecida para ele, porque aquilo que a percepção sensorial julga estar dentro de seu mundo, o mundo lhe devolve."

"Quando alguém permite que uma idéia de imperfeição ou separação de Deus ocupe sua atenção, e portanto sua mente, uma condição correspondente a esta começa a expressar-se em seu corpo e em seu meio ambiente. Isso leva a pessoa a se sentir uma entidade a parte de sua Fonte. No momento em que se acredita separada de Deus, pensa que sua vida, sua inteligência, seu poder têm princípio e fim."

"A vida sempre foi, é agora e sempre será. Ninguém pode, na realidade, destruir a vida. Através de várias atividades, no mundo mental e no mundo físico, a forma pode ser desintegrada ou temporariamente demolida, mas a consciência do indivíduo é eterna; pode controlar toda substância, onde quer que esta se manifeste, quando a Vida Divina interior é admitida como a Toda-Sábia, Doadora e Autora de todo o bem na Criação."

"Eu vos digo a verdade quando declaro que há somente uma Fonte de todo o Bem – Deus. O reconhecimento consciente e a aceitação dessa verdade, admitidos e mantidos pela atividade externa da mente – não duas ou três vezes por dia, mas a cada momento, seja qual for a ocupação do eu exterior –, tornarão qualquer pessoa capaz de expressar sua perfeita liberdade e seu Domínio sobre todas as coisas humanas."

"Para a maioria das pessoas, o que foi dito soa difícil de aceitar, porque viveram século após século separadas de Deus, enquanto em todos os instantes de cada dia, vêm usando vida de Deus, energia de Deus, substância de Deus, atividade de Deus em tudo que pensam e fazem, sem refletir sobre isso. Entretanto, é necessária a aceitação consciente desse fato pela mente exterior, e a orientação engenhosa para libertar Seu poder pleno através do eu pessoal."

"Reconhecimento, diretriz consciente e uso construtivo da energia divina, mantidos no íntimo constantemente, constituem o caminho da Perfeição, Mestria e Domínio sobre todas as coisas da Terra, incluindo o controle consciente de **todas** as forças naturais. O ensinamento que vos dei, se mantido, destruirá completamente todas as falsas crenças. **A rapidez do resultado depende de quão constante, persistente e profundamente sentirdes e vos associardes ao vosso Deus Interno.**"

"Ao atingir a Mestria ou Adeptado, o controle consciente de

toda força e o manejo da substância dependem: 1) do reconhecimento de vosso Ser Divino individual; 2) da perfeita calma dos sentimentos, a despeito de qualquer circunstância; 3) de estardes acima de toda tentação de fazer mau uso do poder. A quietação de todas as emoções, sob o comando da vontade consciente, é imperativa, e é uma exigência incondicional ao Adepto que queira alcançar o Domínio."

"Isto não significa, de modo algum, a repressão da discórdia dentro de nós mesmos, mas sim uma quietação e harmonização dos sentimentos, sejam quais forem as circunstâncias em que se achem a mente e o corpo do estudante. Tal controle não é coisa fácil para a humanidade do mundo ocidental, porque o temperamento da maior parte dos povos do Ocidente é sensitivo, emocional e impulsivo. Essa característica é energia de tremendo poder. Deve ser controlada, mantida em reserva e liberada somente através de uma orientação consciente para a realização de algo construtivo. Até que a perda de energia seja suprimida e seu uso seguramente governado, o indivíduo não pode e nunca poderá fazer progresso permanente."

"O estudante freqüentemente pergunta se se alcança um nível mais alto de aperfeiçoamento, enquanto ainda no caminho da realização, através do emprego de afirmações. Se um indivíduo emprega sinceramente uma afirmação, estabelece uma aceitação plena da verdade do que quer que seja que afirme, pois o seu uso é somente para focalizar a atenção da mente externa tão firmemente sobre a verdade, que ele a aceite na íntegra em seus sentimentos. E sentimento é o próprio Deus-Energia liberado, que manifesta a verdade afirmada."

"O emprego contínuo da afirmação leva o indivíduo a um ponto em que ele tem uma tão profunda percepção da verdade naquilo que afirma, que perde a consciência dela como afirmação. Quem faz uma afirmação, um *mantram* ou uma oração, fá-lo porque deseja que algo se realize. O desejo correto é a mais profunda forma de oração. Então, pelo uso da afirmação, o estudante eleva seu eu externo à plena aceitação de sua verdade, e gera o sentimento pelo qual a converte na coisa manifestada. Nessa profunda aceitação vem a manifestação, porque pela concentração a palavra falada começa a produzir atividade instantânea".

Minha gratidão para com Saint Germain, por tudo quanto eu recebera, era profunda demais para ser expressa em palavras. Ele lia meus pensamentos e sentimentos como num livro, e assim permanecemos ambos sentados, por alguns momentos, silenciosos, em perfeita sintonização. Ele me despertou do sonho para contemplar as magníficas cores do céu ocidental – a beleza grandiosa do entardecer com as magníficas nuances rosa-douradas do crepúsculo.

Desejei permanecer na montanha durante toda a noite e voltar a casa pela manhã, deleitando-me com o nascer do Sol. Assim que senti esse desejo, estendeu-se a meus pés um belo saco forrado, de dormir ao relento. Era diferente de tudo o que eu tinha visto até então. Abaixei-me para examinar o estranho tecido de que era feito e, para espanto meu, verifiquei ser brilhante e quente. Olhei para cima e Saint Germain estendeu-me, sorridente, uma taça de cristal cheia de um líquido dourado, de consistência semelhante à do mel. Obediente ao Seu mais leve desejo, bebi-o, e instantaneamente um calor radiante percorreu-me o corpo. Quando acabei, a taça desapareceu de minha mão.

"Oh! Por que não pude eu reter esta formosa criação?" perguntei surpreso. "Paciência, meu filho", respondeu; "não estão sendo plenamente satisfeitos, um por um, vossos desejos? Vosso saco de dormir permanecerá aqui até o raiar do dia, e vossa amiga, a pantera, guardar-vos-á durante a noite".

Fez uma ligeira reverência e, com um sorriso que era a graça personificada, seu corpo tornou-se gradualmente indistinto e desapareceu por completo. Deitei-me no belo saco e logo adormeci profundamente. Quando os róseos matizes tocavam o Oriente, acordei e o meu primeiro pensamento foi em relação ao saco, que tanto me agradara. A esse pensamento, ele se desvaneceu, retornando à Substância Universal, de onde viera.

A pantera veio até mim e juntos voltamos para casa. Depois de termos percorrido uma certa distância, o som de vozes humanas nos feriu os ouvidos. O animal farejou o ar, parou de súbito diretamente em minha frente e olhou-me. Inclinei-me e dando-lhe umas pancadinhas, disse:

"Agora podes ir". Ela saltou para dentro da floresta espessa, na montanha, à direita da trilha. Continuei meu caminho sem mais incidentes, e finalmente cheguei ao meu alojamento no começo da tarde, num estado de espírito difícil de descrever por palavras.

Eu precisava pensar – meditar – considerar – e ajustar-me a um conjunto de idéias inteiramente novo. As extraordinárias, embora muito reais experiências pelas quais passara nas últimas quarenta e oito horas, instavam-me a reorganizar o meu mundo por completo. Eu me sentia extremamente feliz, e ainda mais, parecia que um outro universo tinha-se manifestado em torno de mim. Havia, externamente, o mesmo velho mundo prosaico que eu sempre conhecera com segurança, e ainda assim, seria isso verdade? Dentro dele, durante todo o tempo, ocorreram essas grandiosas experiências – esse tremendo poder – essas maravilhosas revelações de liberdade e Domínio sobre todas as manifestações, de que eu tivera, até ali, tão completo desconhecimento.

Durante toda a minha vida, eu tinha estado cercado por esses aparentes milagres, aos quais, nos meus prévios anos, conservara-me tão alheio como se tais coisas não existissem na Criação. Pensei, pensei muito mais profundamente do que em qualquer outra coisa na qual eu houvesse meditado antes, em toda a minha existência.

Chegou a hora do jantar, mas eu não tinha fome. Contudo, para começar a refeição da tarde, pedi um copo de leite. Foi-me servido, e alguns momentos depois, quando o provei, imaginai meu espanto ao verificar que o leite se transformara no mesmo líquido cremoso que Saint Germain me dera pela primeira vez!

Acabei a refeição, voltei para casa e estava preparando o meu banho para me recolher, quando, subitamente, o sinal elétrico que me era familiar fez-me estremecer da cabeça aos pés. Automaticamente estendi a mão, e em poucos segundos uma pequena pastilha, de substância semelhante ao cristal, formou-se na palma da mão. De algum modo, percebi que ela deveria ser posta em meu banho, e mal a deixei cair na água começou, imediatamente a borbulhar e a brilhar, como se tivesse vida.

Entrei na banheira e uma sensação de alfinetadas fez vibrar cada célula do meu corpo. Senti-me carregado com uma corrente elétrica de alto potencial, que iluminou e fortaleceu todo o meu ser. Ao terminar, deitei-me e logo mergulhei num sono sem sonhos.

Capítulo III
ROYAL TETON

Passaram-se quatro dias sem qualquer ocorrência extraordinária, e eu tentava entender integralmente a mais profunda significação de minhas recentes experiências. Justamente ao entardecer do quinto dia, soou uma pancadinha na janela de meu quarto. Olhei e vi, no peitoril, um pombo branco como a neve, com um cartãozinho no bico.

Encaminhei-me para a janela e abri-a. O pombo entrou e ficou calmamente esperando. Peguei o cartão e li a mensagem que estava escrita com a mesma bela letra da anterior, mas desta vez com tinta de ouro em um cartão branco. Nele liam-se as palavras:

"Comparecei ao nosso ponto de encontro às sete da manhã".

Saint Germain

Logo que apanhei o cartão, o pombo voou para o meu ombro e esfregou a cabeça no meu rosto, como que transmitindo uma mensagem de amor; voou novamente para a janela e partiu como uma flecha. Pus de lado o cartão, cuidadosamente, esperando poder conservá-lo, mas na manhã seguinte, quando o procurei antes de partir para o meu longo passeio, ele se dissolvera. O cartão de ouro, no qual a primeira mensagem foi escrita, durou até o terceiro dia e eu o observava com freqüência, esperando poder guardá-lo permanentemente. Quando percebi que voltara ao Universal, senti um aperto no coração, tão grande foi meu desapontamento.

Para fazer a caminhada de dezesseis quilômetros e estar no local marcado às sete da manhã, eu sabia que seria preciso partir pouco depois da meia-noite. Levantei-me cedo e às três horas estava a caminho. Andando rapidamente, cheguei à floresta exatamente ao romper do Sol. Não havia andado muito quando um grito plangente chegou-me aos ouvidos. Antes de perceber o que fazia, respondi com o mesmo som, tão automática foi minha resposta. Alguma coisa investiu dentre o arvoredo e minha amiga, a pantera, saltou para junto de mim – perfeita incorporação da alegria. Acariciei-a e juntos prosseguimos em nosso caminho, rumo ao lugar do encontro.

Precisamente às sete horas, Saint Germain surgiu diretamente da atmosfera, saudando-me de braços abertos. Estendeu-me outra vez a taça de cristal, cheia, desta vez, de um líquido claro e brilhante. Bebi-o e o gosto era diferente de tudo quanto havia provado antes. Era quase como o suco de *grape fruit* gelado, mas brilhante e efervescente. No momento em que bebi, a sensação de uma faísca elétrica atravessou-me o corpo, levando a todas as veias a impressão de sua radiante energia.

Saint Germain deu então à pantera um bolinho marrom, que o animal prontamente devorou. Imediatamente seu pêlo arrepiou-se e o Mestre fez esta observação:

"Vossa amiga nunca mais matará veados, cervos ou corças. Para a experiência e instrução vindouras, será necessário deixar vosso corpo aqui, na encosta da montanha, porque ainda não invocastes suficientemente o Poder Interno para que sejais capaz de levá-lo aonde iremos hoje. A pantera será vossa guarda, e como precaução, colocarei em volta de ambos o manto da invisibilidade. Iremos a Royal Teton. Vinde!"

Instantaneamente, saí de meu corpo denso, e vi meu corpo sutil vestido com rico traje de tecido de ouro autoluminoso.

"Observai cuidadosamente o material com que estais

vestido", continuou Ele. "A substância de que é feito o traje que usais tem certas qualidades extraordinárias e poderes próprios, um dos quais é capacitar quem o veste a levantar e transportar objetos materiais. Esta roupa possui pura energia eletrônica e pode ser usada para remover objetos, tal qual a força exercida pelo corpo físico. Essa é uma atividade fenomenal que os Grandes Mestres de Luz permitiram ser usada pela primeira vez neste planeta".

Em benefício de meus leitores, desejo dizer, clara e insofismavelmente que, conquanto eu estivesse revestido de um corpo que funcionava em quatro dimensões durante essas experiências, possuía, mesmo assim, a capacidade de sentir e segurar os objetos sólidos do mundo físico, tal como quando se está em corpo físico. O corpo que eu usava então, não era o que às vezes se denomina 'corpo astral'.

Em breve alcançamos o topo de uma majestosa montanha que mantém sentinela sobre um dos mais belos cenários dos Estados Unidos. Vastas florestas estendiam-se aos nossos pés, e grandes cadeias de montanha, com seus tesouros de riquezas minerais ainda não tocados, avançavam tão longe quanto a vista podia alcançar.

Dirigindo-se a um local onde enormes blocos de pedra amontoavam-se em confusão, como se gigantes em guerra os tivessem arremessado uns sobre os outros, Saint Germain tocou um grande bloco. Instantaneamente a enorme pedra virou pouco além de um metro de sua posição original. Ele recomendou-me que O seguisse. Entramos e, para assombro meu, vimo-nos diante de uma grande porta de bronze.

"Isto está aqui desde antes da submersão da Atlântida, há mais de doze mil anos", explicou.

Adiantou-se e fez pressão sobre certos pontos da porta. A grande massa de bronze de muitas toneladas moveu-se lentamente, dando-nos entrada a uma câmara espaçosa, da qual saía uma escadaria, talhada na sólida rocha, conduzindo para baixo. Descemos uns sessenta metros e entramos em um outro espaço de forma circular. Saint Germain atravessou-o, e dirigindo-se a uma porta situada no lado oposto ao da escada, contra ela colocou Sua mão direita. Quando se abriu, estávamos diante da entrada de um tubo elevador. O interior assemelhava-se a prata fosca e em resposta ao meu pensamento, Saint Germain disse:

"Sim, porém mais dura e mais forte que o aço, e indestrutível".

Um disco chato, do mesmo metal, perfeitamente ajustado ao tubo, elevou-se dentro dele até o nível do solo. A plataforma foi inteiramente controlada e acionada pelo Mestre. Ele subiu nela e eu o segui. Fechou-se a porta e começamos a descer. Foi longa a descida, se bem que não nos movêssemos rapidamente. A plataforma parou diante de uma outra porta de bronze, de modelo completamente diferente.

"Descemos a seiscentos metros, no próprio coração da montanha", comentou, enquanto saíamos do tubo.

O espaço em que nos encontrávamos era de formato e disposição peculiares. Constituía-se numa figura oblonga de leste para oeste, cujos cantos nordeste e noroeste haviam sido cortados em ângulo. Isso formava uma dependência externa ou sala de recepção. A pesada porta de bronze do tubo elevador abriu-se para dentro do salão, na parede nordeste.

No lado norte havia duas outras largas portas de bronze exatamente iguais, dando entrada para um grande salão de audiências. Na parede noroeste havia ainda uma outra, uma quarta porta, igual à que acabávamos de transpor. No lado oposto, na longa parede inteiriça do sul, pendia uma imensa tapeçaria.

Era feita do mais estranho material; conquanto o tecido fosse rústico, o fio ou fibra era tão macio como pêlo de camelo. O fundo era de uma delicada cor creme e sobre esse fundo viam-se duas imagens, em tamanho natural, representando Seres Divinos de grande majestade e poder. O da direita era masculino, o outro feminino. Estavam ambos de pé, em atitude de ordenar às Forças Cósmicas que obedecessem às suas determinações.

A figura masculina vestia um manto vaporoso de rico material, de intenso azul safira, com fitas e bordados de ouro em profusão. Evidentemente era um traje de cerimônia ou símbolo de autoridade. Sob o manto, uma túnica de tecido dourado de aparência metálica. Um resplendente sol de rubis, diamantes, safiras e esmeraldas cobria-Lhe o peito. Em volta da cintura, um cinto de pedrarias, de onde pendia uma faixa de cerca de trinta centímetros de comprimento, também profusamente incrustada com as mesmas espécies de pedras preciosas. A túnica chegava-lhe aos joelhos e a orla inferior era debruada com uma fita de quase dez centímetros de largura, toda bordada em seda da mesma cor das jóias.

O efeito do conjunto dava a impressão de que as roupas eram todas autoluminosas. Calçava sandálias de cano alto, de couro dourado, chegando quase até os joelhos, muito enfeitadas e atadas com cordões azul safira. Uma fita de ouro, de três centímetros de largura, cingia-lhe a fronte, atando os ondulados cabelos louros que pendiam cerca de quinze centímetros abaixo dos ombros.

A tez era muito linda, de suave cor rósea, e os olhos de um profundo azul-violeta. Os dedos da mão esquerda repousavam levemente sobre o coração, e a mão direita, levantada, sustinha um fulgurante cetro de cristal, de poder e autoridade. A extremidade inferior deste terminava em ponta, e no alto apoiava-se uma esfera de sete centímetros de diâmetro, que espargia raios de cintilante luz branca.

Percebia-se, evidentemente, que o personagem representado estava no ato de brandir gigantesco poder e era manipulador de alguma poderosa Força Cósmica. A aparência completa sugeria a mais exuberante mocidade; no entanto, a sabedoria das idades falava, através dos olhos, de um passado encanecido.

A figura feminina tinha o manto de autoridade de um tom violeta carregado, contornado por um bordado de ouro, semelhante ao de Seu companheiro. A roupa de baixo era de um material leve, dourado, tremeluzente, que chegava quase até o chão. O fio usado na confecção da tapeçaria, para representar as roupagens, devia ter sido o mesmo que constituía o material do vestuário original. Esse Ser usava um cinto de jóias, com a respectiva faixa atingindo até quase cinco centímetros abaixo dos joelhos, incrustado de pedrarias iguais às da imagem masculina.

A ponta da sandália direita, apenas visível sob a fímbria do manto, era de couro dourado. Tinha na cabeça uma fita lisa de ouro, exatamente igual à de Seu companheiro e os olhos eram do mesmo azul-violeta, porém de um matiz mais brilhante, os cabelos louros a cair-lhe até os joelhos.

No peito, suspensa por um cordão de ouro, pendia-lhe uma grande estrela de sete pontas, talhada de um só diamante. Sustinha na mão esquerda uma esfera de cristal de cerca de quinze centímetros de diâmetro e na direita, erguida como a da outra figura, havia um cetro do mais estranho formato. Quase dois terços da porção inferior eram de ouro, terminando em ponta de lança, e o terço superior composto de uma substância cristalina, radiantemente luminosa. O vértice era modelado à semelhança de uma flor-de-lis, com a diferença de ser a parte central muito mais longa, adelgaçando-se em ponta suave, formada por suas quatro facetas.

A pétala recurvada à direita da porção central era de um belo tom róseo, a da esquerda de um intenso azul-safira, mas a do meio era branco-cristalina. Eram todas transparentes e radiantes de luz. A porção de ouro e a parte cristalina uniam-se perfeitamente, pois não havia linha de demarcação entre as duas substâncias. Seu cetro simbolizava as Três Atividades da Força Criadora.

A bola de cristal, na mão esquerda da figura feminina, revelava a Perfeição não manifestada do futuro da Atividade Cósmica. Ambos os cetros representavam o esboço e a diretriz do Poder Criador, dentro da Substância Universal, para manifestação especial. Eram radiantes e belos, mesmo na tapeçaria, e eu imagino como deveriam ter sido belos na realidade. Saint Germain ficou pacientemente esperando enquanto eu estudava o conceito geral do quadro, tão fascinado estava pela magnificência do trabalho.

"Esses dois Grandes Seres foram os fundadores deste retiro", observou Ele, enquanto voltávamos para atravessar a porta de bronze da direita e entrávamos num grande salão, que se percebia, imediatamente, ser usado como salão de concílio para algum tipo de cerimonial sagrado.

Todo o ambiente era de magnificência e beleza. As palavras são inteiramente falhas para transmitir o que meus olhos viram e meus sentidos experimentaram. Levei alguns momentos para me acostumar ao espetáculo deslumbrante e ao esplendor do que me cercava.

A sala tinha, no mínimo, sessenta metros de comprimento por trinta de largura e quinze de altura. Uma suave luz branca, que Saint Germain explicou ser uma Força Onipresente que esses dois Grandes Seres sempre usavam como luz, calor e poder, inundava todo o recinto. Cerca de seis metros das paredes longitudinais até o fim do salão eram de ônix branco. Onde terminava esta formação os construtores haviam feito um corte transversal num grande veio de ouro nativo, de mais de sessenta centímetros de largura.

A extensão principal de ambas as paredes laterais era de um brilhante granito azul, porém próximo à extremidade por onde havíamos entrado, a estrutura natural mudava para granito rosa, de qualidade ainda mais fina. A superfície das paredes, do teto e do soalho tinha sido muito bem polida, evidentemente por algum processo notável.

O teto abobadado, elevando-se cerca de três metros acima das paredes, era incrustado, formando o mais singular desenho. Exatamente no centro havia um disco de ouro tendo, no mínimo, três metros e meio de diâmetro. Ocupando-o, de modo que as pontas tocassem a circunferência, esplendia uma estrela de sete pontas, composta inteiramente de diamantes amarelos – sólida massa de brilhante luz áurea.

Irradiando desse Sol Central, havia dois anéis de cor, cada um com cerca de trinta centímetros de largura, formando uma bem definida faixa de Luz em torno da estrela, das quais a interior era de cor rósea e a exterior de um intenso violeta. O fundo sobre o qual se encontrava essa estrela parecia de ouro fosco, emitindo a própria estrela longos raios de luz cintilante e cristalina.

Em redor desse conjunto estavam colocados sete discos menores, cada um com cerca de sessenta centímetros de diâmetro, representando os planetas do nosso sistema e os sete raios de cor dentro do espectro de luz branca. A superfície de cada disco era macia como veludo e só foi empregado o mais límpido, mais intenso matiz positivo de cada cor.

Soube mais tarde que, em certas ocasiões e para fins especiais, Grandes Seres Cósmicos derramam, através desses discos, Suas poderosas correntes de força. Esta é recebida aqui pelos Grandes e Iluminados Seres Altruístas, conhecidos como Ascensionados Mestres de Luz, que, por Sua vez, a encaminham para a humanidade da nossa Terra. Essa irradiação afeta os sete centros ganglionares existentes em cada corpo humano do nosso planeta, bem como toda a vida animal e vegetal. O fundo de todo o teto era da cor de um céu muito claro numa brilhante noite de luar, embora a superfície fosse altamente refrangente.

No extremo do salão, no centro da parede, a pouco mais de dez metros do solo, havia um enorme olho medindo, pelo menos, sessenta centímetros de diâmetro. Representava o "Onividente Olho do Criador" em eterna vigilância sobre Sua

Criação, e de Quem nada pode ser escondido.

Tremendo poder era focalizado através desse olho, às vezes para obtenção de resultados específicos. Fiquei a imaginar, enquanto o contemplava, que sensações experimentaria eu se presenciasse esse poder em plena atuação.

Talvez a doze metros de distância do extremo da parede leste, ocupando uma área de 21 metros de comprimento por nove de altura, havia um painel de alguma substância precipitada. Tinha sido colocado pouco mais de um metro e meio acima do nível do chão, penetrando numa profundidade de cinco centímetros na parede lateral, formando uma superfície côncava ao redor de toda a borda.

A substância de que era feito assemelhava-se a um belo veludo, de um intenso azul índigo, mas não era nenhuma espécie de tecido. A matéria física mais próxima com que pudesse ser comparado era o mineral. Tal substância não está em uso no mundo exterior da humanidade, em parte alguma, mas pode ser e é, algumas vezes, precipitada pelos Grandes Mestres Ascensionados de Luz para algum fim especial.

Saint Germain explicou que o painel tinha sido precipitado e servia como espelho universal para a instrução de Iniciados e Membros Secretos de um grupo de Seres Altamente Evoluídos. Esses Grandes Seres trabalham incessantemente, ajudando os humanos da Terra a se transformarem em homens e mulheres perfeitos, tornando-se capazes de manifestar, em suas vidas externas, a mesma grande Perfeição e Domínio que expressou Jesus Cristo.

Não há organização externa desses Seres Perfeitos. Unicamente vivendo e expressando essa Perfeição através da autocorreção das fraquezas humanas e da plenitude da adoração ao Divino Ser Interior, pode um indivíduo entrar em associação com Aqueles que trabalham nesse alto nível de conhecimento.

"Nesse painel", disse Saint Germain, "são projetadas cenas

da Terra, quadros no éter – registros akáshicos e atividades que se desenrolam em Vênus ou em outro ponto qualquer, que Aqueles Instrutores queiram tornar visível aos estudantes. Tais cenas não são apenas quadros do passado e do presente, mas podem retratar atividades no futuro distante. Isso vereis mais tarde".

Atravessamos a última porta, à nossa direita, e penetramos numa sala cujas dimensões orçavam por 24 metros de comprimento, doze de largura e seis de altura, com uma abóbada arqueada, semelhante à do salão de onde tínhamos vindo.

"Toda a superfície interior desta sala é feita de ouro fosco, e os veios cor de púrpura e verde que estais vendo nas paredes, como se fosse em relevo, são precipitados", continuou Ele.

No extremo e na parede lateral, à nossa direita, do teto ao rés do chão, havia uma armação de metal branco semelhante à prata fosca. Nessa armação, que assentava sobre rodas cilíndricas, havia vasos feitos do mesmo metal. As tampas desses vasos davam as classificações, em hieroglifos, do conteúdo dos quatro cilindros existentes no interior de cada vaso, sendo os hieroglifos inscritos em relevo sobre cada tampa.

Os cilindros tinham, no mínimo, 25 centímetros de comprimento, e em torno de cada um fora enrolada uma fita de cerca de vinte centímetros de largura, feita de ouro prensado, adicionado de algum material que o tornava rijo e flexível, contudo não mais espesso que uma folha comum de papel de escrever. O comprimento das fitas de ouro variava de dois a quinze metros e em cada uma havia caracteres como que gravados no ouro por meio de um estilete. Tais caracteres tinham sido perfeitamente traçados, dando a impressão de um manuscrito.

"Esses arquivos são o cumprimento de uma promessa que vos fiz", disse Saint Germain, enquanto indicava uma determinada seção no extremo da parede lateral. "Eles descrevem a cidade, o país e a civilização que outrora existiram onde há agora o deserto de Saara, durante o tempo em que éreis meu filho e Eu, o monarca desse antigo império. Esta sala contém os anais de muitos países e da ascensão e queda de muitas civilizações". Ao entregar-me um dos rolos, abriu-lhe o fecho e verifiquei, com espanto, que sabia ler seu conteúdo.

"Estou vos habilitando a ler", continuou Ele, "para elevar, temporariamente vossa consciência, invocando a memória oculta – registro passado dessas experiências que outrora vivestes. A questão do conhecimento de Deus e Seu Universo resume-se em restabelecer contato com os anais da Vida em todas as formas. Todas as formas contêm Vida, e dentro da emanação de Luz de cada forma está registrado seu passado inteiro, que qualquer um pode exercitar-se em descobrir e compreender, desde que esteja disposto a dedicar atenção e tempo à autodisciplina necessária para aquietar a confusão na atividade externa da vida diária. Esse registro eterno dentro de todas as coisas existiu desde o princípio."

"Em épocas passadas, a humanidade manifestou Perfeição em todos os aspectos. Essa condição anterior da raça foi narrada pelos historiadores como o 'Jardim do Eden' – Eden ou E-Don significando 'Divina Sabedoria'. À medida que a atenção consciente ou atividade externa da mente recebia permissão para pousar no mundo dos sentidos físicos, a Divina Sabedoria – a Consciência Onisapiente – tornava-se nublada ou encoberta e o Divino Plano Cósmico da vida do indivíduo veio a submergir. Foram-se embora a Perfeição e o Domínio consciente da humanidade sobre todas as formas, e eses Atributos ficaram esquecidos e ocultos daí por diante.

"O homem passou a ter consciência sensorial em vez de consciência divina, e desse modo, a manifestar aquilo para que se dirigia sua atenção e em que mais pensava. **Deliberada e conscientemente** voltou as costas à Perfeição e ao Domínio com que fora dotado pelo Pai, no princípio. Criou suas próprias e variadíssimas experiências de penúria, limitação e discórdia. Identificou-se com a parte, em lugar do todo, e o resultado disso foi, naturalmente, a imperfeição."

"Toda limitação da humanidade é o resultado do mau emprego que o indivíduo faz do atributo divino do livre-arbítrio. Ele se obriga a viver dentro de suas próprias criações até que, pela direta volição da atividade externa da mente, olha de novo para trás, com toda a consciência, para a sua origem real – para Deus, a Grande Origem de tudo. Quando isso ocorre, começa o homem a recordar aquilo que foi um dia, e que poderá ainda vir a ser – a qualquer tempo em que decidir olhar, uma vez mais, para a 'Grande Cópia Cósmica' de si mesmo."

"O registro que conseguistes ler descrevia a vida e o povo, como vimos, tal como eram há setenta mil anos. Desempenhastes bem o trabalho de elaborar esses registros em muitas vidas. Eles ainda não foram revelados".

Atravessando a sala do Conselho e entrando pela porta oposta, encontramos uma sala de tamanho igual ao daquela que acabáramos de deixar, e mais duas outras adjacentes à parede norte, porém menores. Na sala grande, cobrindo quase toda a superfície da parede, viam-se mais armações de metal repletas de vasos, muito semelhantes aos que havíamos encontrado na outra sala.

"Estes aposentos", continuou Ele, "contêm somente ouro e jóias que deverão ser usados com um fim especial, tornando-se uma bênção para o mundo inteiro, quando a humanidade tiver transcendido seu desenfreado egoísmo". Nesse momento, Ele puxou um vaso cheio de moedas de ouro e prosseguiu na explicação: "Isto é ouro espanhol perdido no mar, e nós, vendo que não poderia ser recuperado por outros meios, trouxemo-lo para aqui, através do emprego de certas forças que governamos. Mais tarde, num tempo que se aproxima rapidamente, será novamente entregue ao uso do mundo exterior."

"Nestes vasos", continuou, indicando uma outra seção, "está armazenado o ouro dos continentes perdidos de Mu e Atlântida, das antigas civilizações dos desertos de Gobi e de Saara, do Egito, da Caldéia, Babilônia, Grécia, Roma e outros. Se todo esse ouro fosse liberado na atividade externa do mundo, induziria um súbito reajustamento a cada fase da experiência humana. No momento atual isso não seria um sinal de sabedoria. A infinita sabedoria e poder desses Grandes Mestres Cósmicos, que têm sido os guardiães da raça desde o seu primeiro aparecimento na Terra, está quase fora da compreensão da mente humana."

"Ninguém neste mundo jamais acumulou uma grande soma de riquezas sem a assistência e a irradiação de algum Mestre Ascensionado. Há ocasiões em que certos indivíduos podem ser utilizados como focos de grande fortuna e riqueza para um fim específico, e então lhes é irradiado intenso poder adicional para que, através deste, recebam assistência pessoal. Tal experiência constitui um teste e uma oportunidade para expandirem sua Luz. Todo êxito fora do comum que se verifique na atividade humana – seja este ou aquele o canal que conduziu a ele – é sempre obtido por intermédio do auxílio de sobre-humano Amor, sabedoria e poder de um Mestre Ascensionado, porque Ele transcendeu todas as limitações do mundo físico. Por essa razão, sempre que houver um sucesso extraordinário, este é devido a Seu imenso poder de irradiação."

"Em 1887 a Hoste dos Mestres Ascensionados estabeleceu uma escola, nos Planos Internos, com o fim específico de instruir aqueles que fizeram mau uso da riqueza, revelando-lhes plenamente os resultados de seus erros. A tais criaturas são expostas e relatadas: a verdade concernente à Lei Universal que governa toda riqueza, e as conseqüências que acarreta a influência exercida sobre outrem para lhe perpetuar as idéias pervertidas e os erros. Dá-se-lhes completa liberdade para aceitar ou rejeitar a prova oferecida. Eles sempre aceitam e se firmam no ensinamento que lhes é dado."

Em seguida entramos nas duas salas menores, que eram também equipadas com o mesmo tipo de vasos, só não tão grandes. Estavam cheios de jóias de toda sorte: brilhantes, rubis, pérolas, esmeraldas e safiras, classificadas quanto à variedade e à quantidade. Sorridente, Saint Germain voltou-se para mim e disse:

"Agora sabeis e compreendeis que o Grande Deus Interno é o único possuidor e governante real de toda riqueza; que a 'Presença' nomeia guardas para os Seus tesouros, em todos os planos de Vida, quer se trate de Luz, sabedoria, substância ou bens materiais. Estais calmo e equilibrado, bem vejo, enquanto observamos essa fase de nossa atividade, e isso é um bom sinal. Revela vossa força interior e habilidade para fazerdes o que está prestes a se realizar, logo que estiverdes externamente preparado. E isso em breve ocorrerá, Eu vos asseguro."

"Provas vos foram exibidas de que somos Nós, realmente, que governamos a riqueza do mundo e a empregamos apenas para experimentar a força da alma do indivíduo. É sempre um crédito concedido àqueles que deveriam ser bastante fortes para empregá-la construtivamente. Poucos, bem poucos realmente, passam por esse teste, diante da tentação existente à larga, hoje em dia, no mundo. Se quiséssemos, poderíamos elevar o mais humilde dos filhos de Deus, que estivesse suficientemente preparado, à riqueza, ao poder e à proeminência, se acaso assim procedendo, muitos outros pudessem receber auxílio".

Depois de examinar outros vasos repletos de jóias, voltamos ao salão do Conselho. Olhando para a porta pela qual havíamos nele penetrado pela primeira vez, vi meus entes queridos – Lótus e nosso filho – aos cuidados de um dos Mestres Ascensionados, que Saint Germain disse ser conhecido como Amen Bey. Depois de trocarmos cumprimentos, fomos levados a nos sentar diante do painel da parede leste. Em grupos de três a doze, vieram os abençoados Seres da Hoste Ascensionada, em número de setenta, que também se sentaram.

Grande quietude caiu sobre toda a Assembléia e, por alguns momentos, fez-se um silêncio cheio de ansiosa expectativa. Uma esfera de suave luz branca começou a formar-se na frente do painel, aumentando rapidamente em brilho e tamanho até tornar-se um oval de, pelo menos, dois metros de altura. Como que nascido da própria Luz, surgiu um glorioso Ser – alto, majestoso e poderoso. Fez o sinal unindo o finito ao Infinito, e com voz que fazia vibrar cada átomo da mente e do corpo, perguntou se estava tudo pronto.

Uma luz flamejante brilhou, vinda da substância que compunha o painel, até torná-lo qual espelho de Luz viva. Num momento, alterou-se para um aspecto claro, cristalino, tornando-se uma tela cósmica, na qual quadros vivos, em todas as dimensões, podiam ser retratados, sem que qualquer limite a essa atividade pudesse ser observado. Era por si mesmo evidente que tudo aquilo que tivesse ocorrido ou que pudesse ocorrer em qualquer tempo, por toda a Eternidade, poderia ser tornado visível nessa tela, se a Inteligência Diretriz assim o desejasse.

As primeiras cenas retratavam o continente de Mu, a atividade e a realização de seu povo e a altura que atingira essa civilização. Isso cobria um período de milhares de anos. Vieram, então, acontecimentos que seguramente devem ter transformado essa região em um reino de terror para seus habitantes. Ocorreu um cataclismo que fendeu a superfície da terra, até tudo se desmoronar dentro dela. A antiga terra de Mu submergiu sob as vagas do atual oceano Pacífico, onde ainda permanece envolta em seu manto de água. Ela se erguerá novamente, e uma vez mais absorverá a Vida e a Luz do Sol físico.

Logo veio o crescimento em beleza, sabedoria e poder da Atlântida, vasto continente ocupando uma grande parte do que é agora o oceano Atlântico. Nesse tempo havia terra firme entre a América Central e o que é hoje a Europa. Os feitos realizados nesse período foram extraordinários, mas novamente o abuso do povo em relação à poderosa energia divina obscureceu-os, e como as coisas foram sendo cada vez mais arremessadas fora de seu equilíbrio, a violenta ruptura da superfície da Terra por ação cataclísmica foi de novo experimentada.

Restou apenas um pequeno remanescente da Atlântida, uma simples ilha no meio do oceano, separada completamente do contato com o restante do mundo civilizado. As porções leste e oeste da terra tinham mergulhado no oceano Atlântico, deixando somente a ilha chamada Poseidônis. Tinha sido o coração do então conhecido mundo civilizado e foram feitos preparativos para proteger e preservar suas atividades mais importantes, como o foco central para levar avante certo trabalho não acabado. Nesse período, grandes realizações espirituais e materiais foram alcançadas.

O desenvolvimento da mecânica atingiu, nesse ciclo, um alto grau de aperfeiçoamento, e uma das suas mais notáveis expressões foi a perfeição da navegação aérea. O transporte de vossa vida moderna pelo ar é ainda muito imperfeito e primitivo, se comparado ao que existia então na Atlântida. Os Grandes Mestres de Luz e Sabedoria tornaram isso possível aos habitantes de Poseidônis, porque Eles inspiraram, instruíram, protegeram e revelaram cultura de grande adiantamento em todas as fases da atividade humana.

Vasta parte desse povo tornou-se consciente do Grande Poder Divino Interior que existe no íntimo de cada pessoa, mas como dantes, o lado humano de sua natureza, isto é, as atividades externas usurparam novamente a Grande Energia. Egoísmo e abuso dessa transcendente sabedoria e poder chegaram a predominar em mais alto grau ainda do que nos tempos precedentes. Os Mestres da Sabedoria Antiga viram que o povo estava preparando um novo momento destruidor e que um terceiro cataclismo ameaçava. Preveniram os habitantes repetidas vezes, como haviam feito anteriormente, mas só aqueles que serviam à Luz deram atenção.

Grandes edifícios de material imperecível foram construídos, onde foram depositados documentos que têm sido preservados através dos séculos. Estes permanecem em estado de perfeita conservação, **agora**, no leito do oceano Atlântico – hermeticamente selados. Serão trazidos à luz do dia pelos Grandes Seres que dirigiram sua elaboração e controlam sua proteção.

Em tais documentos estão registrados os progressos e as realizações da humanidade desse período, e assim não houve perda permanente, para os humanos, das conquistas da civilização Atlante. Além da preservação desses memoriais, grandes riquezas, principalmente em ouro e jóias, foram transferidas, nessa ocasião, para outros locais de segurança. Esse tesouro tem sido e continuará a ser guardado através de séculos, a fim de ser usado numa idade futura, para elevação e progresso de gerações vindouras.

Passou o momento culminante do cataclismo final e o último fragmento de um outrora império mundial submergiu para repousar, num processo de purificação, através dos séculos, nas profundezas do atual oceano Atlântico. A lembrança da Atlântida e de seu povo, ao contrário do que ocorreu com o continente perdido de Mu, não ficou inteiramente apagada ou esquecida na história da humanidade, pois tem sido recordada de vários modos, através dos séculos. Embora já tenham decorrido doze mil anos desde a submersão, fragmentos de informação concernente a esse fato flutuam até nós pelos mais inesperados canais. Mitos e lendas existem em profusão com referência à Atlântida, e tanto um como outro são condutos que preservam para a humanidade certas condições reais que existiram sobre a Terra em diferentes épocas. Com o correr do tempo, incontestável prova de sua existência e do alto nível que alcançou será revelada pela Oceanografia, pela Geologia e outros meios científicos.

Passaram, então, diante de nossas vistas, as antigas civilizações dos desertos de Gobi e de Saara, mostrando a elevação e a queda de suas principais atividades. O declínio de cada uma delas foi devido, dessa vez, não a ação de cataclismos, mas a terem sido devastadas por hordas de almas primitivas que encarnaram nesse ciclo.

Vimos, em seguida, cenas do Egito, seu apogeu e decadência, sendo esta causada pelo abuso deliberado da ciência e do poder, posto em prática por uma grande parte da humanidade encarnada nesse país, cujas características predominantes eram: orgulho de suas realizações intelectuais e rebeldia ao refreamento da natureza inferior. Isso sempre significa fracasso individual ou coletivo.

O Egito elevou-se às maiores alturas pelo uso correto do conhecimento e do poder. Isso exige sempre humildade, obediência do intelecto ao Eu Divino Interior, absoluto e incondicional controle da natureza inferior ou humana por parte daqueles que procuram tais dons, se é que desejam evitar a destruição. As almas encarnadas no Egito, durante seu declínio, não eram atrasadas como as das civilizações dos desertos de Gobi e de Saara. Ao contrário, tinham atingido o uso consciente do conhecimento e do poder, e deliberadamente preferiram fazer mau uso deles. Tal atividade nada tem, absolutamente, de comum com a sabedoria, porque aqueles que são os Eternos Herdeiros das dádivas dessa Divina Deusa devem, para sempre, estar acima de **toda** tentação de fazer mau uso da ciência e do poder. Sabedoria é o emprego correto de tudo que se manifesta, e aquele que realiza essa verdade imutável, evidente por si mesma, torna-se uma porta aberta para todo o bem que existe na Criação.

Aludir ao Egito como terra de escuridão é extremamente injusto, porque do Egito, em seu ciclo primitivo, emanou poderosa Luz, e do Egito novamente virá – **intensa Luz**.

A cena seguinte representava a elevação e a queda do

Império Romano. Quando as trevas e a degradação daqueles séculos atingiram o ponto culminante – eis que surgiu Jesus, derramando Sua Luz deslumbrante e Seu Amor, como o Cristo. Pela Sua Transfiguração, Ressurreição e Ascensão, derramou-se tão irresistível torrente da Perfeição de Deus sobre a Terra, que não mais seria possível tamanha escuridão cercar a humanidade, **em época nenhuma**. As realizações de Sua vida ficaram eternamente registradas sobre a atmosfera deste planeta e atuam como um magneto para atrair a humanidade a uma Perfeição semelhante.

A vinda de Jesus foi uma iniciação para o povo de nosso mundo e um Comando Cósmico à humanidade para empregar o poder do Amor Divino em todas as suas atividades futuras. Essa efusão de Seu Amor para a Terra no mais obscuro ciclo, tornou-se o nascimento do Menino Cristo no indivíduo. Ele invocou uma vez mais a Cópia Cósmica Divina e revelou a Lei de Deus para a era vindoura. Este plano constitui o Domínio completo sobre todas as coisas finitas por meio da plena imagem do Cristo dentro de cada ser humano.

Veio, depois, o reinado de Ricardo Coração de Leão, da Inglaterra. A humanidade tem pouco ou nenhum conhecimento da real, espiritual atividade que se verificou durante esses anos. A mesma Luz que inspirou o entusiasmo e as atividades de Ricardo nas Cruzadas liberou, por meio de seus partidários e do povo dessa época, certas forças que a Hoste Ascensionada empregou nos planos internos da consciência.

Surgiram, depois, quadros da recente guerra mundial na Europa, revelando as atividades que geraram esse conflito. Somente poucos indivíduos conhecem a causa real do mesmo e é, sem dúvida, preferível que a maioria ignore. É coisa muito destrutiva para ser contemplada pela consciência. Não se ganha nada em focalizar a atenção na guerra. Essa também foi, talvez, a razão pela qual o período de Ricardo até a guerra mundial não foi exibido. Aqui, as atividades da Hoste Ascensionada foram reveladas, e vimo-las dissolver a causa e a maior parte da energia acumulada no recente conflito mundial.*

Fizeram-no pela focalização e direção consciente de enormes raios de Luz, cujo poder de consumir e transmitir é por demais estupendo para permitir uma descrição em termos finitos. Esses Seres Perfeitos tinham estado aguardando um momento cósmico em que lhes fosse possível prestar à humanidade um serviço de Amor que por longo tempo foi esperado, e do qual os seres humanos têm, ainda, pouca ou nenhuma compreensão.

Essas cenas notáveis continuaram a se desenrolar e revelaram atividades que se estendiam ao futuro distante, afetando o mundo inteiro. Mostravam muitas mudanças que devem ocorrer na superfície da própria Terra. Uma das mais importantes relacionava-se com o progresso da América do Norte. O Plano Divino para o futuro da América do Norte é uma condição de intensa atividade na maior paz, beleza, sucesso, prosperidade, iluminação espiritual e Domínio. Ela deve conduzir a Luz do Cristo e ser o guia para o resto da Terra, porque a América deverá ser o centro vital da Idade de Ouro, que agora, vagamente, toca o nosso horizonte. A maior porção territorial da América do Norte perdurará por longo tempo. É conhecida há milhares de anos, sim! Há mais de duzentos mil anos!

Os quadros continuaram por quase três horas, retratando muitas cenas e atividades que escaparam inteiramente ao registro dos historiadores e ao mundo da Ciência, em virtude de sua grande antigüidade. Por maravilhosos e belos que sejam hoje os nossos filmes cinematográficos, são meros brinquedos quando comparados à real existência, vívida, animada, revelada nessa tela cósmica. Agora, seria possível observar, mais além, a causa cósmica de muitas situações e acontecimentos que se passaram na Terra, proporcionando ao observador instrução da mais extraordinária magnitude. Essa instrução interior é de

---

* 1914 - 1918

grande auxílio para os estudantes.

Ao terminar o ensinamento, Saint Germain nos apresentou ao Grande Mestre Ascensionado Lanto, que se havia manifestado de dentro da Luz Resplandecente, e em seguida, aos setenta Mestres ali reunidos.

"Na verdade, teremos muita alegria", disse Lanto, voltando-se para nós, "quando estiverdes novamente preparados para colaborar no serviço consciente do glorioso trabalho que temos em mãos. Essa oportunidade se vos apresentará por força das poderosas vitórias que tendes obtido sobre a personalidade humana e o mundo externo. Aproxima-se o tempo em que tereis o privilégio de verificar como foram realmente grandes aquelas vitórias. Aceitai, diariamente, em Sua plenitude, a poderosa e ativa Presença do Grande Deus dentro de vós, e não poderá existir fracasso em parte alguma ao longo do caminho. Todo aquele que sinceramente procura a Luz é sempre conhecido pelos Mestres Ascensionados. Na véspera do Ano Novo encontrar-nos-emos aqui, novamente, ocasião em que virão, então, doze hóspedes de Vênus. É nosso desejo que estejais presente. Saint Germain e Amen Bey serão vossos padrinhos".

A um sinal, todos se tornaram silenciosos e receberam de Lanto a bênção de Amor, antes de retornarem a seus respectivos campos de serviço. A maior parte desapareceu simplesmente da sala, em poucos minutos, e os demais saíram servindo-se do tubo elevador.

"Meus filhos, vejo que perdestes a noção do tempo, são três horas da manhã", observou Saint Germain, ao voltar-se para despedir-se de Lótus e de nosso filho, que, depois de me beijarem, saíram pelo caminho da sala de recepção externa, enquanto atravessávamos a primeira porta da direita. "Há mais uma coisa", continuou Ele, "que desejo vejais antes de partirmos".

"Eis aqui um conjunto de instrumentos musicais dos mais extraordinários, usados para um fim especial, que foram construídos de modo que tenham um som de especial qualidade para o trabalho que executamos". Voltou-se para o teclado de um órgão e continuou explicando:

"Isto parece ser um órgão desprovido de tubos, porém os tubos, que são muito menores que os comuns, estão colocados dentro da caixa. O som do instrumento é superior ao que quer que seja conhecido na Terra em matéria de música. Esses órgãos serão usados no mundo exterior à medida que se aproximar a Idade de Ouro".

Examinamos, depois, quatro harpas magníficas, ligeiramente maiores que as comumente usadas no mundo musical de hoje. Saint Germain sentou-se a uma delas, tangendo várias cordas para me dar uma idéia de seu som. Foi a mais maravilhosa música que jamais ouvi.

"Esta harpa é uma surpresa para a nossa amada Lótus", disse, "porque na véspera do dia de Ano Novo, neste Retiro, ouvireis o órgão e quatro harpas tocadas por hábeis artistas". Terminamos a inspeção da sala e saímos pela porta da parede noroeste.

Em vez de passarmos por fora do Retiro, como havíamos entrado, Saint Germain abriu uma portinha à esquerda e penetramos num túnel reluzente, cujas paredes cintilavam com uma formação cristalina, que se tornou instantaneamente iluminada pela Luz Branca que Ele sempre liberava, ao manipular a substância eletrônica em seu redor. Caminhamos rapidamente dentro do túnel, chegamos a uma porta de bronze que se abriu ao Seu toque, e vimo-nos de novo sob o céu estrelado.

Por um instante, ficamos em perfeito silêncio; depois, subindo uns 150 metros acima do nível do solo, passamos velozmente através do ar e poucos momentos mais tarde estávamos ao lado do meu corpo físico, na encosta meridional do monte Shasta, onde a pantera continuava em guarda. Eu estivera ausente durante vinte e duas horas, e quando olhei, a aurora vinha tingindo o horizonte oriental.

"Aqui está vosso almoço", anunciou Saint Germain, entregando-me uma taça de cristal contendo um branco e transparente líquido cintilante. "Isso é, ao mesmo tempo, fortificante e refrigerante, de modo que vos será agradável o passeio de volta para casa – porque vosso corpo precisa fazer esforço e entrar em atividade. Sinto alguma coisa em vossa mente que não vos satisfaz; no mínimo, alguma coisa não está clara para vossa consciência".

"Sim", repliquei. "Há uma questão que me vem prendendo a atenção por algum tempo, e é no que diz respeito à visualização. Que é a verdadeira visualização e que acontece quando alguém visualiza"?

"A verdadeira visualização", respondeu Ele, "é atributo e poder da Visão de Deus, em ação na mente do homem. Quando alguém retrata conscientemente na mente uma aspiração que deseja se realize, está empregando um dos mais poderosos meios de trazer esse desejo à sua experiência visível e tangível. Há muita confusão e incerteza no espírito de muitos, relativamente ao que de fato acontece quando alguém visualiza ou faz um quadro mental daquilo que almeja. **Em nenhuma parte do Universo, forma alguma jamais veio à existência sem que alguém tivesse conscientemente mantido uma imagem dessa forma no pensamento, porque todo pensamento contém uma imagem da idéia nele contida**. Mesmo um pensamento abstrato encerra cena de alguma espécie, ou, pelo menos, um esboço, que é a concepção mental de quem o emite.

"Dar-vos-ei um exercício pelo qual se pode desenvolver, controlar conscientemente e dirigir as atividades da visualização para obter êxito definitivo. Há muitos degraus no processo que o estudante pode empregar a todo e qualquer tempo. A prática traz, na verdade, resultados visíveis e tangíveis, quando realmente aplicada. O primeiro passo consiste em determinar um plano definitivo, ou desejo a ser realizado. Isso feito, considerai que seja coisa construtiva, nobre, merecedora de vosso tempo e esforço. Examinai cuidadosamente o motivo que vos conduz a trazer tal criação à manifestação. Deve ser honesto, tanto em relação a vós como ao resto do mundo, e não um simples capricho ou satisfação de apetites dos sentidos físicos. Lembrai-vos, há uma grande diferença entre utilidade, desejo e apetite. Utilidade é o cumprimento da Grande Lei Universal de Serviço. Desejo é a atividade expansiva de Deus, por meio da qual a manifestação é constantemente mantida, e é a Perfeição ampliando-se a si mesma. Apetite é tão somente o hábito estabelecido pela contínua satisfação dos sentidos instintivos, consistindo em energia focalizada e qualificada por sugestões da atividade externa da vida."

"Certificai-vos bem de que não haja em vosso íntimo algum sentimento secreto de levar vantagem à custa de outrem. Um verdadeiro estudante – e só quem o seja tirará proveito dessa espécie de prática – toma as rédeas nas mãos e determina disciplinar e controlar conscientemente o sér inferior. Escolhe o que há de fazer ou não em seu mundo e, pelo processo de figurá-lo na mente, projeta-o, trazendo à manifestação um plano de vida definitivamente firmado".

"O segundo passo consiste em expor vosso plano por meio de palavras, tão concisa e claramente quanto possível. Fazei isso por escrito. Assim registrais vosso desejo no mundo externo, visível e tangível. O terceiro passo é cerrar os olhos e **ver**, dentro de vossa mente, uma imagem mental do desejo ou plano em sua perfeita e acabada condição e atividade."

"Considerai o fato de que vossa capacidade de criar e ver uma imagem dentro da própria consciência é o atributo da vista de Deus agindo em vós. A faculdade de ver e o poder de criar são atributos de vosso Deus Interno, que sabeis e sentis estar sempre dentro de vós. A vida e o poder de Deus estão atuando em vossa consciência para concretizar, em vosso mundo externo, o quadro que **vedes** e **sentis** em vosso íntimo.

"Conservai-vos lembrando ao intelecto que a capacidade de imaginar é um atributo de Deus – o atributo da visão. O poder de sentir, experimentar e associar-se à imagem perfeita é poder de Deus. A substância utilizada no mundo exterior para dar forma ao vosso quadro e ao vosso plano é pura substância de Deus. Deveis, então, saber que Deus é o Autor, a Ação e o Ato de toda forma e empreendimento construtivo sempre lançados no mundo da manifestação. Quando empregardes integralmente o processo construtivo, é impossível que o vosso plano não venha a realizar-se em vosso mundo visível."

"Lede vosso desejo ou plano tantas vezes por dia quanto possível, e sempre antes de vos recolherdes ao leito, porque ao dormir logo depois de mentalizar o quadro, permanece na consciência humana uma forte impressão que **não é perturbada durante algumas horas**, tornando-o em condições de ser intensamente lembrado na atividade externa e permitindo seja gerada e acumulada a força que o impelirá para a experiência da vida exterior. Por esse modo, podeis introduzir qualquer desejo ou imagem na consciência quando ela penetra no Grande Silêncio, durante o sono. Aí, carrega-se com o maior poder e atividade de Deus, que está sempre dentro do Coração do Grande Silêncio."

"**Em circunstância alguma deveis comentar, seja com quem for, o vosso desejo ou o fato que estiverdes visualizando**. Isso é imperativo. Não monologueis sobre ele em voz alta, ou mesmo em murmúrio, porque deveis compreender que, quanto maior for o acúmulo de energia gerada pela vossa visualização e contemplação, **sentindo** a realidade de vossa imagem, tanto mais rapidamente ela se manifestará em vossa experiência externa."

"Milhares de desejos, ambições ou idéias ter-se-iam manifestado na experiência externa de muitos indivíduos, se eles não os tivessem discutido com amigos ou conhecidos. Quando vos decidis definitivamente a realizar uma experiência, por meio da visualização conscientemente dirigida, vós vos tornais a Lei – Deus – a Lei do Uno, que não admite oposição. Deveis tomar uma decisão e sustentar vossa determinação com todo o poder. Isso significa que deveis assumir uma atitude firme, inabalável. Para fazê-lo, sabei e senti que ela é Deus desejando, Deus sentindo, Deus conhecendo, Deus manifestando e Deus controlando tudo o que diz respeito a essa decisão. Esta é a Lei do Uno – Deus – e só Deus. Até que isso seja plenamente compreendido, não podereis obter e nem obtereis nunca vossa manifestação, porque no momento em que entra um elemento humano, estais tirando-a das mãos de Deus e, conseqüentemente, não pode expressar-se, pois que a estais neutralizando através das concepções humanas de tempo, espaço, lugar e mil e uma outras condições imaginárias que Deus não reconhece."

"Ninguém poderá conhecer Deus enquanto considerar uma força oposta a Ele, porque quando admitir que duas forças em oposição podem atuar ao mesmo tempo, estará neutralizando a atividade de Deus. Havendo neutralização, não se obtém nada, nada se manifesta. Acontece simplesmente isto: nada obtereis em vossa manifestação. Quando reconheceis Deus – o Uno – tendes somente Perfeição manifestando-se instantaneamente, porque não há nada a se opor ou a neutralizar – nenhum elemento humano de tempo ou espaço. Assim Ele se estabelece em vós, pois nada há que se oponha ao que Deus ordena."

"Não haverá jamais aperfeiçoamento para quem quer que deseje a Perfeição, enquanto continuar admitindo um poder oposto a Deus, ou qualquer coisa dentro ou fora de si capaz de impedir a expressão de Sua Perfeição. Admitir simplesmente que uma determinada condição é inferior ao que vem de Deus representa a deliberada escolha de uma imperfeição, e essa espécie de escolha representa o fracasso do homem. Tal escolha é deliberada e intencional, porque ele é livre, em todos os momentos, para escolher, para selecionar seus pensamentos.

E conceber um pensamento ou quadro de Perfeição não necessita mais energia do que conceber um de imperfeição."*

"Sois o Criador **localizado** para planejar e criar a Perfeição em vosso grupo e no lugar que ocupais no Universo. Se a Perfeição e o Domínio devem ser expressos, deveis conhecer e admitir apenas a Lei do Uno. O Uno existe e controla tudo completamente, em toda parte, no Universo. Sois a Autoconsciência de Vida, a Una Presença Suprema da Grande Chama de Amor e Luz. Sois vós, somente, o selecionador, o decretador das qualidades e formas que desejais derramar em vossa vida, porque sois o único agente de energia de vosso mundo e de tudo o que ele contém. Quando pensais ou sentis, parte de vossa energia de vida sai para sustentar aquilo que criais."

"Lançai, então, fora da mente toda dúvida ou medo de efetuar o que estais imaginando. Se qualquer um desses pensamentos ou sentimentos – que, em última análise, não passam de emanações humanas desprovidas de perfeição – vem ter à vossa consciência, deveis substituí-lo instantaneamente pelo reconhecimento integral de vosso próprio Eu e de vosso mundo como Vida de Deus – O Uno. Além disso, permanecei completamente despreocupado acerca do ideal que formulastes, a não ser durante o tempo da visualização. Não fixeis na mente prazo para resultados, exceto para reconhecer que só existe **agora** – o eterno presente. Adotai essa disciplina, praticai-a e podereis manifestar um irresistível poder em atividade, que nunca falhou e nem poderá falhar."

"Lembrai-vos sempre de que sois Deus idealizando e visualizando. Sois Deus-Inteligência dirigindo, sois Deus-Poder impulsionando, e vossa Substância-Deus sendo acionada. Quando vos convenceis disso e contemplais a Sua plenitude

---

* Portanto, essa escolha deliberada de uma condição imperfeita implica o que se chama "Queda do Homem".

muitas vezes, tudo no Universo se precipita para realizar vosso desejo, vosso comando, vosso quadro mental, porquanto ele é todo-construtivo e de acordo, portanto, com o Plano Divino Original para uma vida autoconsciente. Se nosso lado humano concorda realmente com o Plano Divino e o aceita, não pode sobrevir coisa tal como atraso ou fracasso, porque toda energia tem em si a qualidade inerente da Perfeição e se apressa em servir ao seu Criador. Perfeição é a única predestinação que existe."

"Pelo fato de vosso desejo ou quadro mental ser construtivo, sois Deus vendo Seu próprio plano. Quando Deus vê, isso constitui **decreto ou ordem irrevogável** para que se manifeste **imediatamente**. Na criação da Terra e do sistema de mundos, Deus disse: 'Faça-se a Luz' e a Luz apareceu. Não foram necessários éons de tempo para criar a Luz. O mesmo Deus poderoso está em vós **agora**, e quando vedes ou falais, é Seu atributo da visão e da palavra que está atuando em vós e através de vós.

"Se vos compenetrais do que isso realmente significa, podeis comandar por Seu pleno poder e autoridade, porque sois Sua Consciência-Vida, e só a própria consciência de vossa vida pode ordenar, imaginar ou desejar um plano perfeito e construtivo. Todo plano construtivo é Seu plano. Por isso, sabeis que Deus está em ação, comandando: **"Que este desejo ou plano se realize agora!** – e está feito."

A essa altura, Saint Germain acabou de falar e, lançando-me um sorriso de adeus por algum tempo, desapareceu de minha vista. Voltei os passos para casa, com a pantera trotando a meu lado. Ela estivera 24 horas inteiras sem comer; logo depois, partiu depressa através da mata e desapareceu na floresta espessa. Continuei meu caminho e cheguei em casa às onze horas da manhã. Passei o resto do dia tentando compreender toda a importância daquilo que tivera o privilégio de experimentar, e considerando que todo o meu conceito relativo ao meu mundo mudara inesperadamente.

CAPÍTULO IV
MISTÉRIOS DE YELLOWSTONE

Passaram-se sete dias e corria a primeira semana de setembro. Na tarde do oitavo dia estava eu a meditar sobre a vida e suas infinitas expressões, quando meu pensamento voltou-se naturalmente para Saint Germain. Imediatamente um irresistível amor partiu de mim para Ele, em profunda gratidão por tudo quanto eu tivera o privilégio de experimentar, através de Sua assistência e Luz.

A sensação de uma presença no aposento começou a apoderar-se de mim, como se fosse um alento, e olhando subitamente para cima, lá estava Ele, sorridente e radiante, a verdadeira "Presença da Divindade".

"Meu filho", disse-me, "serei um visitante tão inesperado que vos surpreenda? Sabeis perfeitamente, sem a menor dúvida, que quando pensais em Mim estabeleceis contato comigo, e quando Eu penso em vós, estou convosco. Quando meditáveis, vossa atenção se fixou em Mim, e por essa razão, apareci. Não está de acordo com a Lei? Então, por que não aceitar o fato como natural? Atraímos aquilo em que pensamos."

"Permiti-Me sugerir que vos exerciteis em nunca experimentar surpresa, desapontamento ou sensibilidade ferida, sejam quais forem as circunstâncias, pois o perfeito autocontrole de todas as forças dentro de vós, a qualquer tempo, constitui Domínio – e esta é a recompensa para aqueles que trilham a senda da Luz. Somente pela autocorreção pode-se alcançar a Mestria."

"Lembrai-vos sempre de que o direito de comandar, que representa Domínio, só é permanentemente mantido por aqueles que primeiro aprenderam a obedecer, porque quem aprendeu a prestar obediência à Lei do Uno torna-se um Ser de Causa, e só desta causa – Amor. Assim, por analogia, torna-se realidade a Lei do Uno. Vigiai para que proceda de vós somente o que é harmonioso, e não permitais que uma palavra destrutiva sequer vos passe pelos lábios, mesmo por gracejo. Lembrai-vos de que estais lidando com uma força, seja de que natureza for, a cada instante da eternidade, e de que sois sempre seu qualificador."

"Vim para vos levar a uma importante jornada. Estaremos ausentes por 36 horas. Cerrai as cortinas de vosso quarto, fechai as portas e deixai vosso corpo no leito. Será guardado até nossa volta. Realizastes certo adiantamento interior e tendes pela frente uma experiência e uma jornada muito interessante e agradável."

Preparei meu corpo para deitar e logo permaneci em quietude perfeita. Um momento depois eu estava de pé sobre o chão, fora de meu corpo, vestido com o mesmo traje dourado que usara quando de minha visita a Royal Teton. A sensação que temos da espessura das paredes desaparece e, ao atravessá-las, a impressão é a mesma que se experimenta quando se passeia através de um pesado nevoeiro.

Desta vez tive perfeita consciência de estar atravessando o espaço. Não perguntei aonde iríamos, mas não demorou muito até que chegamos a Royal Teton. Para o lado do leste, erguiam-se as altaneiras Montanhas Rochosas, e atrás delas estendiam-se vastas planícies que um dia estarão pujantes de vegetação subtropical, vivendo os seus habitantes em paz e abundância.

Olhando para o oeste, podíamos ver a Sierra e as montanhas Cascade, e ainda mais além, a região costeira, cuja orla marítima será, um dia, completamente alterada. Para o norte, contemplamos do alto o Yellowstone, cuja maravilhosa beleza esconde da atual civilização americana seus antigos mistérios e prodígios.

"A palavra 'Yellowstone'*", explicou Saint Germain, "tem se conservado através dos séculos, por mais de quatorze mil anos. Nessa época, a civilização de Poseidônis atingiu um nível de desenvolvimento muito alto, porque um Grande Mestre de Luz estava à testa do Governo. Foi apenas durante os últimos quinhentos anos que sobreveio a decadência, quando o abuso no emprego da Grande Sabedoria predominou entre seus habitantes. Dentro dos limites atuais de Yellowstone, que ainda são os mesmos de outrora, existiu a mais rica mina de ouro que o mundo jamais conheceu. Pertencia ao Governo e grande parte de sua riqueza foi empregada para fins experimentais e de pesquisa em Química, invenção e ciência em geral."

"A cerca de sessenta quilômetros desse lugar estava localizada uma mina de diamante. As pedras daí extraídas eram os mais belos diamantes amarelos jamais encontrados no interior da Terra, antes ou depois desse período. Entre as gemas originárias dessa mina, havia poucas pedras raras de extraordinária beleza e perfeição. Se convenientemente lapidadas, apresentavam uma pequena chama azul no centro, que parecia Luz líquida. Quando usada por certos indivíduos, o brilho dessa chama podia ser notado a mais de dois centímetros acima da superfície da pedra."

"Essas pedras eram consideradas sagradas, e usadas somente nos mais altos e mais secretos ritos dos Mestres Ascensionados. Dezesseis delas estão ainda mantidas em sagrada custódia pela Irmandade de Royal Teton e serão novamente trazidas ao uso em tempo oportuno. Foi por causa desses magníficos diamantes amarelos que o nome atual, Yellowstone, veio até nós."

"Fostes vós, meu filho, o descobridor de ambas as minas. Revelar-vos-ei os arquivos que são a prova física daquilo que acabo de vos dizer. Esses arquivos indicam a data de sua

---

*Pedra amarela

descoberta, o total da riqueza extraída, a duração do tempo empregado, a descrição do maquinário usado, que beneficiava minérios refratários, recuperando oitenta e sete por cento do seu valor, transformando o minério em barras, quando ainda dentro da mina, o que tornava desnecessária qualquer operação na superfície; onde foram embarcados e a data de fechamento e selagem. Aqui estão as duplicatas dos arquivos.

"Na vida em Poseidônis, vivíeis em uma bela casa com uma irmã, que é agora Lótus. Ambos tínheis alcançado e mantido estreito contato com a 'Divina Presença', de modo que Deus estava realmente em ação todo o tempo. Éreis um funcionário do Departamento de Minas e, devido a essa relação, inventastes e construístes uma aeronave maravilhosa. Nela viajastes muito sobre as montanhas. Um dia, quando imerso em profunda meditação, vos foi mostrado o local dessas minas, que mais tarde descobristes, abristes e transferistes para o Governo. Com essa explicação, mostrar-vos-ei agora a prova do que descrevi, embora não haja atualmente nenhum traço dessas minas na superfície. Vinde, entraremos na própria mina".

Deixando Royal Teton, tinha eu perfeita consciência de atravessar rapidamente o espaço, até que chegamos a um certo ponto do Parque de Yellowstone. Descemos, então, e deparamos com uma parede de rocha maciça.

"Percebeis alguma entrada?" perguntou Saint Germain, voltando-se para mim.

"Não, mas sinto que está aqui", respondi, apontando para um certo lugar na muralha de granito. Ele sorriu e dirigindo-se ao ponto indicado, aí colocou a mão. Num momento, encontramo-nos diante de uma porta de metal não lacrada.

"Como vedes", explicou, "temos métodos próprios de fechar hermeticamente qualquer passagem que desejemos proteger, e é impossível que alguém as encontre ou atravesse, a não ser que o permitamos. A substância com que selamos hermeticamente lugares e coisas é retirada do Universal. É mais dura que a própria rocha, ainda que exatamente igual na aparência.

"Dessa forma estamos capacitados a proteger entradas de retiros, de edifícios, de cidades soterradas, minas e câmaras secretas da Grande Fraternidade Ascensionada de Luz, muitas das quais têm sido mantidas em perfeito estado de conservação por mais de setenta mil anos. Quando não temos mais necessidade de utilizar tais lugares e coisas, fazemo-los voltar à Substância Universal. Vedes, assim, que todo o poder se torna um servidor espontâneo de quem a si mesmo conquistou. Todas as forças do Universo estão esperando nosso comando para usá-las, sempre que a serviço da sabedoria e do Amor."

Na porta com que nos defrontávamos, em relevo no próprio metal, estava a réplica da mão direita de um homem, mais ou menos ao nível dos meus ombros, tendo uma semelhança chocante com minha atual mão física.

"Colocai vossa mão sobre a de metal e apertai com torça", disse Saint Germain. Obedeci. Minha mão ajustou-se perfeitamente à outra. Apertei com toda a minha força. Lentamente a grande porta se abriu e Ele continuou: "Conservastes esta forma e este tamanho de mão por muitas encarnações. Ela foi colocada na porta pelo Governo, em homenagem a vós, por terdes descoberto a mina. Esta mão é um modelo da vossa de há quatorze mil anos".

Entramos por essa porta e passamos através de um longo túnel cilíndrico, emergindo afinal dentro de uma grande cavidade. Aí, para maior espanto meu, encontrei ferramentas e maquinário de várias espécies, feitos de um metal branco, imperecível, em tão perfeito estado de conservação como se tivessem sido construídos ontem. No centro da cavidade havia um poço. Nossos atuais engenheiros de minas ficariam estupefatos diante da simplicidade e perfeição das atividades de mineração nessa época antiga. O mesmo método será trazido novamente ao uso aqui na América, no século vindouro.

Saint Germain aproximou-se do poço e puxou uma alavanca. Logo veio à superfície um elevador de formato peculiar. Entramos e Ele acionou uma alavanca menor dentro dele. Assim que começamos a descer, ao nível de sessenta metros, chegamos a uma estação. Continuamos a descer até o nível de 210 metros e paramos. Essa era a estação central, e daí saíam cinco túneis, como os raios de uma roda.

Eram todos perfeitamente cilíndricos e forrados do mesmo metal branco de que era feito o maquinário. Sua espessura e fortaleza eram tais que só o desmoronamento da própria montanha poderia esmagá-los. Dois deles encravavam-se nas paredes da montanha numa extensão de mais de seiscentos metros. Na estação central estava uma máquina que governava todos os vagões.

"O metal branco que estais vendo", explicou Saint Germain, "constitui notabilíssima descoberta, porque é leve, mais duro que qualquer outro, inoxidável e imperecível. Apenas podeis apresentar uma descrição fragmentária de todas essas maravilhas, que são a prova física atual do elevado progresso alcançado por essa antiga civilização. Tais maravilhas, nunca sonhadas até a presente revelação, existiram e estão agora em vosso meio". Quando chegamos ao fim do túnel, Ele mostrou-me as sondas que haviam sido usadas naqueles dias distantes. "Estas sondas", prosseguiu, "expeliam uma chama tubular branco-azulada, de cerca de dois centímetros e meio de diâmetro. Trabalhavam a uma velocidade espantosa, consumindo a rocha à medida que a perfuravam".

Voltamos à estação e entramos num aposento de forma triangular, entre dois túneis. Ao fundo havia vasos feitos do mesmo metal branco. Tinham cerca de 75 centímetros de largura e noventa centímetros de comprimento. Saint Germain abriu um deles e mostrou-me magníficos diamantes amarelos, não lapidados. Fiquei estupefato, tão lindos eram. Parece-me ouvir o leitor exclamar: "Pretendeis dizer-me que essas pedras eram materiais"? A essa pergunta perfeitamente natural, responderei: sim – tão materiais como os diamantes que usais em vossos dedos hoje em dia. Outros vasos estavam cheios de pedras lapidadas, de valor fabuloso.

Regressamos, então, à entrada da mina. Saint Germain fechou a porta e selou-a, como estava anteriormente. Ninguém, a não ser um Mestre Ascensionado, poderia distingui-la das rochas circunvizinhas. Elevando-nos do solo, cobrimos rapidamente os cinqüenta e nove quilômetros que nos separavam da mina de ouro. Desta vez, nos encontrávamos exatamente no cimo da montanha, perto de uma rocha de forma cônica que parecia perfeitamente maciça. Tinha cerca de quatro metros e meio de diâmetro na base, e talvez três metros de altura.

"Observai cuidadosamente", disse Saint Germain, colocando a mão de encontro à rocha. Moveu-se vagarosamente uma seção triangular da pedra, descobrindo um lance de degraus descendentes. Descemos esses degraus por algum tempo e logo chegamos a uma cavidade, no topo de um poço, tal como na mina de diamante.

"Notareis a ausência de britadores", continuou Ele, "pois tudo é feito dentro da própria mina. Nada é manipulado à superfície". Paramos ao nível de 120 metros, onde havia outra imensa cavidade. Nela se encontrava o maquinário completo para beneficiamento do minério. Saint Germain explicou-me a extrema simplicidade do processo empregado, que me parecia incrível, tão simples era.

Continuamos a descida até o nível de 240 metros e vimos a mesma disposição da mina de diamantes. Aqui novamente os túneis partiam de um ponto central, como raios de uma roda. Três compartimentos triangulares tinham sido construídos entre esses túneis e neles estava depositada a última produção da mina, justamente antes de seu fechamento. Encontravam-se aí vasos de metal branco iguais aos das outras salas. Só tenho permissão para descrever o conteúdo de três deles.

O primeiro recipiente continha pepitas de ouro de um antigo leito de rio, numa jazida situada no nível de 240 metros, na qual o cascalho tinha sido ligeiramente cimentado, conservando preso o ouro. Essa condição se aprofundava por cerca de 360 metros e era de imenso valor. O segundo vaso estava cheio de fios de ouro, extraídos de um veio de quartzo branco, na galeria ao nível de 120 metros. Um outro mais continha discos de ouro puro, pesando cada um quatro quilos.

"O lugar em que armazenavam todo o ouro", explicou Saint Germain, "era conhecido pelo nome de sala dos lingotes. Dessa mina foram guardados registros em duplicata, estando os originais no arquivo do retiro de Royal Teton, e as duplicatas aqui". Voltamos à superfície. Uma vez mais Saint Germain selou a entrada da maneira que descrevi anteriormente, e dirigindo-se a mim novamente, disse:

"Meu filho, descobristes estas minas e, auxiliado por vossos colegas, promovestes a exploração delas, realizando esta perfeição. Fizestes, também, os registros relativos ao metal imperecível, como vos mostrarei em Royal Teton. Os Mestres Ascensionados viram que o cataclismo de há doze mil anos se aproximava e, sabendo que as minas não seriam muito afetadas, prepararam-nas e selaram-nas para uso numa época muito distante, na qual acabamos de entrar."

"Em sete períodos diferentes de vossas muitas encarnações, foram reavivados a lembrança e o processo de fazer esses assentamentos. Ainda os reproduzireis numa época presente, para bênção de toda a humanidade. Isso explica vosso sentimento, desde a infância, de interesse pelos registros antigos de toda espécie, significando, também, que muito tereis que fazer na vida atual com trabalhos dessa natureza."

"Vinde, voltemos agora a Royal Teton. Lá, numa sala contígua ao grande salão de audiências, estão os assentamentos a que me referi. É um local destinado à preservação de invenções e descobertas científicas. A sala onde estivemos, quando de nossa primeira visita, continha apenas registros das várias civilizações."

Voltamos ao retiro e entramos, desta vez pelo caminho do túnel, tal como na primeira visita. Acelerando os passos, atravessamos a segunda porta à direita da entrada, que se abria diretamente para a sala de arquivos científicos, um espaço com cerca de vinte e um, por doze, por cinco metros. Todas as paredes, o teto e o chão eram revestidos do mesmo metal branco imperecível de que eram construídas as estantes e os recipientes.

Saint Germain puxou um dos últimos e me entregou o registro que eu fizera da mina de diamante. Fui capaz de ler novamente, mas desta vez recomendou-me que invocasse a Divina Presença e A deixasse revelar o completo conhecimento anterior de que eu era possuidor naquele tempo. O documento apresentava um histórico claro, mas condensado, da descoberta e exploração da mina. Saint Germain entregou-me, então, um outro rolo, onde constava a história completa da mina de ouro.

"Agora, que vistes a prova material do que vos havia exposto", disse, "desejo que saibais que nunca vos direi coisa alguma que não possa provar". Voltou-se, então, para mim com um penetrante olhar que me atravessou por completo a mente e o corpo.

"Meu filho", continuou, "procedestes bem e conservastes a calma e o equilíbrio nestas recentes experiências. Muita coisa depende de vosso próximo passo. Focalizai toda a atenção em vosso Onigovernante Deus Interior e não vos esqueçais de mantê-la nEle".

À luz do que ocorreu posteriormente, foi bom que Ele me houvesse fortalecido através desse conselho. Com esse aviso, conduziu-me através do grande salão de audiências, em direção à grande porta de bronze da parede ocidental. Ao pressionar a mão contra ela, o painel moveu-se lentamente para cima até que entrássemos, e depois fechou-se atrás de nós.

Parei – imobilizado de assombro, porque vi aquilo que a olhos humanos raramente é permitido ver – se é que alguma vez o foi – e a cena conservou-me imóvel, tão grande era a fascinação de sua beleza, prodígio e esplendor.

Cerca de três metros e meio adiante de mim, erguia-se um bloco de ônix branco como neve, de noventa centímetros de altura com a base quadrada de quarenta centímetros de lado. Nele pousava uma esfera de cristal cheia de Luz incolor em contínuo movimento, com pontos fulgurantes que se projetavam de um lado para outro. A esfera emitia continuamente raios de cores prismáticas, a uma distância de cerca de quinze centímetros. Parecia feita de substância viva, tão constantemente cintilava.

Do topo dessa bola de cristal brotavam três plumas de Chama, uma dourada, outra cor-de-rosa e a terceira, azul-elétrico, alçando-se, no mínimo, à altura de noventa centímetros. Próximo à extremidade superior, cada um desses feixes de Pluma-Chama inclinava-se como uma pluma de avestruz – bela, graciosa e em perpétuo movimento. A irradiação dessa esplêndida esfera enchia a sala toda, produzindo uma sensação de energia eletrônica que as palavras não podem exprimir. A Luz, a vida e a beleza de tal cena ultrapassam a capacidade humana de descrição.

Avançamos para o extremo oposto da sala onde havia, lado a lado, três esquifes de cristal contendo, cada um, um corpo humano. Ao aproximar-me, meu coração quase parou de bater, pois dentro deles estavam as formas que Lótus, nosso filho e eu usamos em uma antiga encarnação. Reconheci-os prontamente, porque Lótus conservava ainda alguma semelhança com aquele corpo, mas os corpos de nosso filho e o meu tinham traços de maior regularidade e perfeição física. Mostravam todos a perfeição completa de um tipo quase igual ao dos antigos gregos.

Expressavam tanta vida, que pareciam estar apenas

dormindo. Todos tinham cabelos louros, ondulados, e vestiam roupagens de tecido de ouro, como a das figuras da tapeçaria. Bastaria a um Mestre Ascensionado olhar para esses corpos, para ver registrada toda ação vital por eles experimentada em suas encarnações físicas desde aquela época. Assim, atuavam como espelhos para gravar atividades transitórias, deixando, contudo, sua perfeição original imutável.

Cada esquife repousava numa grande base de ônix branco, do mesmo tipo daquele onde estava colocada a esfera de cristal. Eram cobertos, também, por tampos de cristal, que se ajustavam perfeitamente a encaixes existentes ao longo das bordas, mas que não estavam selados. Na tampa de cada um dos três, em justa correspondência com o centro do peito dos corpos, via-se uma Estrela de Sete Pontas. Abaixo da estrela havia quatro hieroglifos. Na extremidade superior, e colocada de modo a ocupar exatamente o alto da cabeça, havia uma Estrela de Seis Pontas. Dos lados, precisamente abaixo dos ombros, duas mãos enlaçadas em sinal de cumprimento e mais longe, perto dos pés, uma tocha acesa, colocada de modo tal que a chama tocava a tampa do esquife. Essa chama permanecia dourada, fossem quais fossem as cores luminosas que fulgissem na sala. No lado oposto inferior, sob os pés, via-se uma Estrela de Cinco Pontas. Todos os emblemas eram salientes, como que cravados no cristal.

"Estes corpos", explicou Saint Germain, "pertenceram-vos em uma certa vida, quando deixastes a Cidade de Ouro para realizar um trabalho especial. Vossas experiências foram, então, terrificantes; todavia, foi tão grande o bem praticado nessa vida, que um Grande Ser Cósmico apareceu e ordenou que eles fossem preservados, até a ocasião em que pudésseis elevar vossos corpos e voltar à Cidade de Ouro. Ele deu instruções completas para a preservação desses corpos, instruções essas que foram fielmente executadas, como vedes."

"Agora, podeis todos compreender como é importante e

necessário manter-se vivamente consciente do Próprio Cristo Interior e nEle profundamente centralizar-se, para que só Amor, Sabedoria e Perfeição de Deus possam atuar por meio da mente e do corpo – sempre."

Nesse momento, uma Luz deslumbrante e um tremendo poder lançaram-se através de mim e **Meu Próprio Deus** falou:

"Grande Mestre de Luz – Pai, Irmão e Amigo! Ó Poderoso Filho de Deus! Um Sempiterno Amor anima, em verdade, o teu ser, e por Ele atingiste tua bem merecida Paz Eterna e a Mestria sobre os cinco reinos inferiores. O Grande Deus Interno nestes Teus Filhos, a quem tanto amas, breve se manifestará em domínio plenamente consciente para prestar, cada qual, todo o auxílio que há tanto tempo almejas, pois cada um dos Filhos de Deus tem de executar um serviço que ninguém, a não ser ele, pode efetuar. Eu invoco a Grande Luz do próprio Coração de Deus para te abençoar por todo o sempre."

Enquanto essas palavras eram pronunciadas, resplandeceu um grande jato de Luz, enchendo a sala como um esplendente arco-íris de Luz vibrante. Esses pontos dardejavam cintilações por toda parte e a sala tornou-se um esplendor de Luz irisada, palpitante de Vida.

"Vede, Meu filho", disse Saint Germain, "como podeis perfeitamente deixar expressar-se o Grande Deus Interno. Dentro em breve, sereis capaz de fazer isso conscientemente e sempre que desejardes."

"Observai o efeito das estalactites, no teto, e a aparência branco-prateada das paredes. É tudo feito de substância precipitada, e a sala é mantida na mesma temperatura confortável todo o tempo".

Dirigimo-nos para o outro extremo da câmara e paramos diante de uma arcada polida existente na parede. Saint Germain colocou a mão sobre ela e uma porta se abriu, deixando ver o maravilhoso aparelho de metal branco para fabricação dos registros. "Na era em que estamos entrando", continuou Ele, "muito equipamento que tem sido preservado será trazido para uso da humanidade e, desse modo, não será preciso novamente palmilhar a estrada da invenção ou do descobrimento".

Perguntei então: "Como é que neste reino e nas minas, todas as coisas podem ser mantidas livres de poeira e com tão boa ventilação?"

"É muito simples", explicou. "Os Mestres Ascensionados usam, para limpar e ventilar, a mesma Força mediante a qual geram calor, luz e poder. A emanação de cada uma delas, passando através das minas ou câmaras, consome imediatamente todas as substâncias desnecessárias. Aproxima-se a segunda manhã desde que deixastes vosso corpo, e devemos voltar agora".

Saímos da Câmara de Audiências pela porta à esquerda do tubo elevador, e uma vez mais estávamos sob a luz das estrelas. Regressamos velozmente ao meu quarto e um momento depois eu estava de novo em meu corpo. Saint Germain, junto a mim, sustinha a familiar taça de cristal, desta vez cheia de um líquido cor de âmbar. Bebi-o e senti-lhe o efeito vivificante passar através de todas as células do meu corpo.

"Agora, dormi tanto quanto vos seja possível", disse Ele. E desapareceu. Devo ter dormido profundamente, porque acordei muitas horas mais tarde, completamente restaurado, com renovada força e vigor.

Capítulo V
MEMÓRIAS INCAICAS

Os dez dias seguintes transcorreram sem acontecimentos dignos de nota.

Desde o último treinamento, nunca me recolhia ao leito sem fixar a atenção na toda-poderosa Presença e enviar um pensamento de afetuosa gratidão a Saint Germain. Ao anoitecer do décimo primeiro dia, quando me recolhia, ouvi distintamente Sua voz dizer:

"Vinde!" Eu aprendera a obedecer a esse chamado e imediatamente pus-me fora do corpo físico, atravessei rapidamente o espaço e em poucos momentos cheguei a Royal Teton. Ele estava em pé, junto à base da montanha, à minha espera. Dessa vez, chamara-me para ir ao Seu encontro. Obedeci e saudei-O.

"Às Vossas ordens", disse, caminhando para Ele. Sorrindo, respondeu-me:

"Temos que trabalhar. Vamos!"

Eu estava perfeitamente ciente da direção em que viajávamos, certo de que nos dirigíamos para Sudoeste. Logo avistamos as luzes de uma cidade e Saint Germain, chamando para elas minha atenção, observou:

"Los Angeles".

Depois de viajarmos até mais além, passamos sobre uma outra seção iluminada e dessa vez, a uma pergunta minha, respondeu:

"Cidade do México."

Chegamos, então, a uma floresta tropical e começamos a descer. Em pouco tempo estávamos nas ruínas de um antigo templo.

"São as ruínas de Mitla, no Estado de Oaxaca, no México", explicou. "Aqui encarnastes, vós, Lótus e vosso filho, para prestar assistência quando a civilização incaica atingiu seu apogeu. Com a aprovação dos Mestres Ascensionados, que a dirigiam, escolhestes os três nascer na família dos Incas, para executar o serviço requerido naquele tempo."

"Aqui nascestes como filhos de um governador inca, que era uma alma forte, de grande adiantamento e iluminação. Amando profundamente seu povo, rogara ao Supremo Deus Uno que concedesse Luz, abundância e Perfeição para abençoá-los e ao seu país.

"A devoção do Inca pela sua Fonte era muito grande, porque ele conhecia e conscientemente compreendia o poder do Grande Sol Central. Essa compreensão da Verdade era ensinada ao povo inca e, porque eles soubessem o que se atribuía ao Grande Sol Central, usavam o Sol como símbolo da Divindade Suprema. Tinham verdadeiro conhecimento interno e reconheciam a plenitude do poder desse Grande Sol Central, a que hoje chamamos 'Cristo', porque é o Coração da Atividade Crística no Universo."

"Em virtude da devoção do imperador inca, tanto pela sua Fonte como pelo seu povo, ele foi atendido no desejo profundo de bênçãos e de Luz para guiá-los e ajudá-los. Assim, quatorze Seres da Cidade Dourada, sobre o deserto de Saara, corresponderam, trazendo-lhe auxílio. Vós, Lótus e vosso filho éreis três desses quatorze."

"Quando tínheis dez anos de idade, Lótus doze e vosso filho quatorze, fostes todos confiados a meu cuidado e orientação, a fim de serdes preparados e exercitados no trabalho que mais tarde iríeis realizar. Nessa ocasião eu residia na Cidade de Ouro, mas, depois de feito o acordo preliminar, vinha diariamente ao palácio e vos transmitia a necessária irradiação e instrução. Isso continuou por quatro anos, antes de ser revelado a vosso pai."

"O imperador inca estava maravilhado com a sabedoria dos filhos, e constantemente enviava sua gratidão e louvor a Deus pela bênção que assim lhe dispensava. Quando completastes quatorze anos, o mesmo Grande Mestre Cósmico que Nos levara para a Cidade de Ouro no fim da reencarnação da Civilização de Saara, apareceu ao imperador inca e lhe disse que seu pedido fora atendido de modo perfeitamente real."

"Foi a partir dessa época que a Civilização Incaica, nos seus setenta anos subseqüentes, atingiu o ponto culminante. Desde que fizestes quatorze anos, eu vinha diariamente instruir e sintonizar o governante inca, bem como a vós três. Éreis denominados os Amados Filhos Incas do Sol. A gratidão, o amor e a cooperação dele eram realmente maravilhosos, e foi-lhe ensinada, para compreender e usar, a Grande Lei Cósmica.

"Vossa infância e juventude foram admiráveis, pois nuvem alguma veio toldar a beleza desse aprendizado. Ao que é hoje vosso filho foram ensinadas as Leis do Governo e os Deveres Divinos de um governante; a Lótus, o Trabalho Interior, tendo-lhe sido dados o direito e a consagração como sacerdotisa no Templo do Sol. Quanto a vós, aprendestes as Leis Cósmicas do Sacerdócio e ainda, secretamente, Postos de Comando no Exército."

"Depois de dez anos de treino especial no Peru, fostes, os três, encaminhados para o norte, para uma das novas colônias do Império Inca, com o fim de ajudar o povo a expandir suas atividades e estimular o progresso próprio. Partistes acompanhados de todo o amor, das honras e da bênção que o governante inca sabia como dar; estabelecestes a capital da colônia onde é hoje Mitla, no Estado de Oaxaca, no México, cuja glória chegou até os tempos presentes, através dos séculos."

"Construístes, aqui, um grande templo, sob a direção dAqueles da Cidade Dourada que vos haviam instruído e ajudado. Lótus, nessa vida, chamava-se Mitla e foi em sua honra que a cidade teve o mesmo nome. Aqui, ela serviu como sacerdotisa por mais de quarenta anos. Era um dos mais magníficos templos desse período e nenhuma despesa foi poupada, porque a parte secreta, construída abaixo da superfície da terra, deveria sobreviver para testemunhar, séculos mais tarde, essa esplêndida civilização. Sabíeis disso ao tempo da construção, e certas ordens específicas foram dadas e cumpridas em relação a ela, porque toda a edificação foi dirigida por um dos Grandes Mestres Ascensionados da Cidade de Ouro."

"A parte externa era feita de blocos de pedra maciça, alguns dos quais podem ser vistos ainda hoje entre as ruínas. O interior era revestido de mármore, ônix e jade. O jade procedia de uma jazida secreta, na cordilheira dos Andes, que a ninguém foi revelada. O colorido do trabalho decorativo interno era o mais belo e artístico possível, sendo as principais cores empregadas: ouro, púrpura, rosa e madrepérola."

"O interior do santuário era de ouro, com desenhos em púrpura e branco. A cadeira em que a sacerdotisa oficiava era também de ouro. Aí era focalizado e mantido o Poder Espiritual, que irradiava para o Império e seu povo. Com essa explanação como prelúdio, entraremos agora no templo subterrâneo, onde foi preservada uma sala, entre as ruínas de uma grande glória passada."

Andamos um pouco mais, quando Saint Germain comandou:

"Afastai-vos"!

Focalizou, então, um raio de forte poder num grupo de grandes blocos de rocha, em frente a nós. Subitamente as pedras foram arremessadas em todas as direções, deixando a descoberto um cubo de granito cor-de-rosa. Ele deu um passo à frente e colocou a mão sobre o cubo. Este girou vagarosamente como se fosse em volta de um pino, revelando uma abertura de cerca de noventa centímetros de largura com bem definidos degraus conduzindo para baixo. Descemos 21 degraus, até uma porta que parecia ser de cobre, mas Saint Germain disse tratar-se de uma liga de metais submetidos a um certo processo de fusão, de modo a torná-la imperecível.

Empurrando um cubo de pedra que se achava à direita da entrada, a porta deslizou lentamente, permitindo-nos passar para uma pequena sala. No lado oposto havia uma grande arcada, junto a uma porta maciça. Desta vez Ele pôs o pé numa pedra de formato peculiar, no chão, e a porta recuou, descobrindo um compartimento de enormes proporções, que parecia precisar muito de limpeza e ventilação. Tão logo esse pensamento me aflorou à mente, o local foi preenchido por uma poderosa Luz violeta, seguida de uma suave névoa branca, tornando-se brilhante como o sol do meio-dia. A limpeza foi completa, pois tudo ficou fresco, limpo e saturado de fragrância de rosas.

Quando entramos no salão, minha atenção foi detida por uma série de retratos, os mais notáveis que jamais vira. Eram gravados em ouro maciço, coloridos como na vida real.

"Estes retratos são também indestrutíveis", explicou Saint Germain. "Cinco deles são: o do soberano inca, o de Lótus, o de vosso filho, o vosso e o Meu, todos com a aparência dos corpos que tínhamos naquele tempo. Foi somente durante o período incaico que esse particular gênero de arte teve expressão. Pela devoção de Lótus à sua própria Chama Divina, nessa época, ela atraiu um Grande Mestre de Vênus, que a ensinou. Esse tipo de arte era diferente de qualquer coisa conhecida na Terra, em todas as épocas. O Mestre de Vênus só permitiu que fosse feito um certo número de retratos, porque essa singular classe de arte tinha um avanço de séculos para o seu tempo, não podendo, portanto, ser usada nesse período da evolução do mundo. Entretanto, será divulgada na presente Idade de Ouro, em que acabamos de entrar.

"Oh! Meu filho! Pudesse o povo da América compreender que estupendas possibilidades tem diante de si – à espera de que se desviem dos credos, cultos, dogmas, 'ismos' e de tudo o mais que os prende e limita, desviando sua atenção da Grande Presença de Deus no interior de seus próprios corações! Oh! Se pudessem perceber que liberdade, poder e Luz aguardam por ocupação, dependendo isso unicamente do reconhecimento e utilização da grande e amorosa Presença Interna que respira através deles constantemente! Pudessem eles sentir e reconhecer o todo-poderoso Domínio que essa Presença exerce sobre todas as manifestações! Oh! Se apenas fossem capazes de compreender que seus corpos são os templos do Mais Alto Deus Vivente, que é Senhor do Céu e da Terra; pudessem eles saber o que significa **amar esse poderoso Eu, falar-Lhe, reconhecê-Lo em todas as coisas e sentir a realidade dessa Presença**, ao menos com tanta certeza quanto o fazem com as pessoas e as coisas! Se apenas pudessem sentir profundamente a proximidade e a realidade da Grande Presença por um momento que fosse, nada poderia colocar-se outra vez entre eles e essa poderosa e suprema Realização, tal como foi atingida por Jesus e outros Mestres Ascensionados."

"Ó América! Ó amados filhos da Luz! Deixai que essa Grande Presença Divina, Sua sabedoria e poder surjam através de vós **agora**, e vereis como rapidamente o Reino de Deus poderá e quererá manifestar-se sobre a Terra. **A América é o guia entre as nações, conduzindo a Luz que anuncia a entrada da Idade de Ouro. Não obstante as condições atuais, essa Luz jorrará e consumirá as sombras que procuram corromper seus ideais e seu Amor para com o Grande e Supremo Ser Divino.**"

Atravessamos, em seguida, uma porta à direita, onde encontramos mais registros indestrutíveis, desta vez referentes à Civilização Incaica e ao importante papel que ela desempenhou nesse ciclo.

"Já vos lembrastes do processo de fazer esses anais da memória de vossa vida há quatorze mil anos", observou Saint Germain. "Eles serão transportados para Royal Teton juntamente com os retratos, pois este templo secreto já preencheu por completo suas finalidades e agora deve ser dissolvido."

Logo surgiram belos seres reluzentes que carregaram os retratos e os arquivos. Quando acabaram, voltamos à entrada e nos afastamos a uma certa distância. Saint Germain focalizou a atenção, por alguns momentos, em direção ao templo secreto, e permaneceu em absoluto silêncio. Senti-me presa de súbita quietude, que me manteve imóvel. Houve um grande e surdo ruído, como de terremoto. Num momento, tudo se acabou e o templo secreto, que fora a mais esplêndida criação de seus dias, desmoronou-se em ruínas.

Eu mal podia respirar diante do estupendo poder de Saint Germain. Verdadeiramente, os Grandes Mestres Ascensionados são Deuses. Não é de admirar, na Mitologia das eras antigas, que suas atividades nos tenham sido transmitidas na forma de mitos e de fábulas. Eles manejam sempre tremendo Poder Divino, porque se firmam com inflexível determinação na Grande Presença Divina e, em conseqüência, todo poder Lhes é dado, pois Eles são a total manifestação da Perfeição.

"Quando Jesus disse: 'Em verdade, em verdade vos digo que o que Eu fizer vós também fareis, e maiores coisas do que essas fareis ainda', Ele sabia do que falava", continuou Saint Germain.

"Ele veio ao mundo para revelar o Domínio consciente e a Mestria que é possível a qualquer criatura humana atingir e expressar, mesmo enquanto habita a Terra. Mostrou o Domínio do Mestre Ascensionado e provou à humanidade que é possível, a quem quer que seja, invocar de tal modo seu Deus Interno, que pode controlar conscientemente **todas** as coisas humanas."

"Os Grandes Mestres Ascensionados de Amor, Luz e Perfeição, que desde o princípio conduziram a expansão da Luz na humanidade deste planeta, não são ficção ou produto da imaginação de ninguém. **Eles são reais, visíveis, tangíveis, gloriosos, vivos, verdadeiros Seres de tanto Amor, Sabedoria e Poder, que a mente humana vacila diante dessa imensidade. Trabalham em toda parte do Universo com liberdade completa e poder sem limites para fazer, com naturalidade, tudo o que o homem comum considera sobrenatural.**"

"São senhores de tão grande poder e manipuladores de tal força, que abalam a imaginação das pessoas no mundo externo. São os guardiães da Raça e, assim como no mundo físico, nas questões referentes à Educação, professores de vários níveis de ensino são chamados a guiar o desenvolvimento do progresso individual desde a infância à maturidade, preparando os alunos, daí por diante, para um trabalho especial, existem também os Mestres Ascensionados de Perfeição para educar e auxiliar o indivíduo, de maneira que ele possa expandir a consciência além da vulgar expressão humana. Então, o discípulo desenvolve seus atributos super-humanos até que – como o estudante graduado por uma Universidade – aquele que está sob o cuidado e a instrução de um Mestre Ascensionado é graduado fora de sua humanidade, na plena e contínua expressão de sua Divindade."

"O Mestre Ascensionado é uma criatura que, pelo esforço autoconsciente, gerou bastante Amor e poder dentro de si mesmo para romper as cadeias de toda limitação humana; por isso, permanece livre e digno de ser empossado no uso de forças além daquelas que fazem parte da experiência humana. Ele se sente Uno com a Vida Onipresente de Deus. Por essa razão, todas as forças e coisas obedecem a Seu comando, pois Ele é um Ser autoconsciente, um Ser de vontade livre, controlando tudo pela manipulação de Sua Luz Interior."

"É por meio da irradiação ou extravasamento dessa Luz, que é realmente sua própria Essência Luminosa de Amor Divino, que um Mestre Ascensionado pode auxiliar os que estão sob Seus cuidados e direção."

"Quando tal extravasamento ocorre para com um estudante, seus corpos inferiores – e com isso quero referir-Me aos corpos emocional, mental e Causal – absorvem a Essência Luminosa do Mestre, e a luz que há dentro deles brilha e se expande como uma chispa que se aviva dentro de um braseiro, até converter-se em uma Chama."

"Essa Essência Luminosa tem dentro de Si a mais poderosa força do Universo, porque Ela dissolve toda discórdia e estabelece equilíbrio perfeito em toda manifestação. O corpo do Mestre Ascensionado está constantemente derramando raios de sua Essência de Luz sobre as discórdias da Terra, dissolvendo-as, tal como os raios de força a que chamamos "luz" e "calor", do nosso Sol físico dissolvem um nevoeiro."

"A irradiação que Eles derramam sobre a humanidade, na Terra, é energia conscientemente extraída, à qual imprimem qualidade, e em seguida a emitem com um fim determinado. Desse modo, protegem milhares de pessoas, lugares, condições e coisas, permanecendo a humanidade completamente alheia a esses fatos, seguindo tranqüila o seu caminho, totalmente inconsciente de seus protetores e benfeitores."

"Nessa espécie de atividade, os Mestres Ascensionados podem mudar os corpos em que trabalham, tal como qualquer pessoa muda de roupa, porque a estrutura celular está sempre sob Seu controle consciente, e cada átomo obedece à Sua mais ligeira determinação. Têm liberdade de usar um ou mais corpos, se o trabalho que desejam efetuar assim o requer, porque Sua habilidade em integrar ou desintegrar um corpo atômico é absolutamente ilimitada. São manifestadores todo-poderosos de toda substância e energia, porque as forças da Natureza, ou seja, os quatro elementos, são Seus dóceis e obedientes servos."

"Estes Seres Gloriosos, que guardam e auxiliam a raça humana em fase de evolução, são chamados Mestres Ascensionados de Amor, Luz e Perfeição. São tudo o que implica a palavra Mestre, porque, gerando o Amor, a Sabedoria e o Poder da Divina Presença, manifestam Sua Mestria sobre tudo o que é humano. Por essa razão Eles ascensionaram para a manifestação imediatamente acima da humana – que é a super-humana Divindade – Pura, Eterna, Toda-Poderosa Perfeição."

"Freqüentemente a humanidade da Terra, na sua ignorância e limitação, atreve-se a proferir sentenças contrárias e a externar várias opiniões acerca do Mestre Jesus e muitos outros da Hoste Ascensionada. Essa prática é uma das coisas mais comprometedoras a que os humanos podem se entregar, porque em tal atividade, a crítica e o julgamento emitidos desse modo voltam pura e simplesmente ao seu autor, prendendo assim a humanidade cada vez mais firmemente aos padecimentos e limitações por ela mesma criados. A atividade da Lei é que, tendo os Mestres Ascensionados se libertado das limitações humanas, tornaram-se Expansão Fulgurante de Luz, no interior da Qual nenhum pensamento humano de discórdia pode, jamais, penetrar. Isso induz todo o pensamento destrutivo, criação e sentimento, a voltar para o seu remetente, ligando-o ainda mais estreitamente às cadeias de sua própria criação."

"Se os seres humanos pudessem ver seus próprios pensamentos, sentimentos e palavras saírem da atmosfera para o éter, reunirem-se cada vez mais aos da mesma espécie e retornar, não só ficariam assombrados mediante o que fazem nascer, como também clamariam por libertação. Nem que fosse para apagar da mente tal criação, haveriam de se voltar, com plena determinação, para sua própria Divindade e nEla entrar. **Pensamentos e sentimentos são coisas vivas, palpitantes**. O indivíduo que sabe disso usará sua sabedoria, controlando-se como deve."

"Jesus está para a humanidade que adquire experiência na Terra, como o Grande Deus Interno dentro de cada ser humano está para a pessoa ou eu externo. Ele revelou o Mestre Máximo ao mundo exterior, e é ainda a prova viva da possibilidade que tem o homem de libertar-se de toda limitação e expressar a Divindade, tal como foi designado originalmente, porque a primeira condição sob a qual a humanidade existiu foi de completa harmonia e liberdade."

Quando alguns daqueles indivíduos que estudam a Vida e as Leis do Universo muito mais profundamente que a maioria dos filhos da Terra vêm a saber da existência dos Mestres Ascensionados, muito freqüentemente desejam dirigir-se a esses Grandes Seres para receber instrução. Conquanto seja isso, em muitos casos, uma inconsciente elevação da alma dentro da Luz Maior, o eu pessoal não faz idéia da posição em que se encontra em relação Àqueles Grandes Seres que são completamente divinos."

"Há um meio pelo qual o estudante resoluto e intensamente aplicado pode estabelecer contato com um dEles, mas isso só se pode dar através da atividade de muito Amor e de disciplina da personalidade. Se, porém, o motivo for a satisfação da curiosidade, pensando confirmar ou contestar a existência dos Mestres Ascensionados, meramente para resolver um problema ou desfazer uma dúvida da personalidade, esse contato **jamais se realizará**, ficai certo disso, porque a Hoste Ascensionada nunca se preocupa em satisfazer o lado humano do estudante. Toda a sua conquista é por meio da expansão do Deus Interior, de modo que Seu poder possa ser liberado vigorosamente, o necessário para romper as limitações existentes na personalidade humana, que não Lhe concede um veículo perfeito para uso nos mundos mental, emocional e físico da manifestação, ou seja, nos domínios do pensamento, do sentimento e da ação."

"Fraqueza e limitação humanas apenas prejudicam o

veículo que deveria ser treinado e mantido nas melhores condições possíveis, como um servo eficiente, para uso do Grande Deus Interno. O corpo humano, com as suas faculdades, é o templo de energia divina que a Grande Presença de Deus provê, e através desse eu externo, Ele deseja expressar um Plano Perfeito ou Desígnio Divino. Se os descontrolados apetites dos sentidos e as exigências da personalidade desperdiçam a energia divina, de tal modo que o comando do veículo é sonegado à Presença Interna, Ela imperturbavelmente se retira; o eu humano perde o poder de manobrar a mente e o corpo, e o templo desmorona-se em decrepitude e dissolução. Ocorre, então, o que o mundo denomina 'morte'."

"A pessoa que procura estabelecer contato com um Mestre Ascensionado em corpo visível, tangível, vivo e animado sem a necessária preparação para sintonizar gradativamente sua própria mente e estrutura externa, está na mesma situação de uma criança de jardim de infância que procurasse um professor universitário e insistisse com ele para ensinar-lhe o A-B-C."

"Os Mestres Ascensionados são, realmente, grandes baterias de tremendo poder e energia, e tudo aquilo que é atingido por Sua irradiação torna-se altamente carregado com Essência de Luz, da mesma forma que uma agulha, guardada em contato com um magneto, adquire suas propriedades, tornando-se, também, um magneto. Toda a Sua ajuda e irradiação constituem uma eterna e generosa dádiva de Amor. Essa é a razão pela qual nunca fazem uso de sua força para induzir, obrigar, ou interferir no livre-arbítrio do indivíduo."

"A Lei do Amor, a Lei do Universo e a Lei do indivíduo não permitem ao Mestre Ascensionado interferir no livre-arbítrio das pessoas, exceto naqueles períodos de atividade cósmica em que o Ciclo Cósmico anula a Lei do indivíduo. **É nessas ocasiões que os Mestres Ascensionados podem dar uma assistência maior que a habitual**. A Terra entrou agora num ciclo semelhante, e a maior efusão de Luz que ela jamais conheceu está sendo e continuará a ser derramada sobre a humanidade para purificá-la e restabelecer a Ordem e o Amor, o que é imperativo à futura manutenção do nosso planeta e ao sistema de mundos a que pertencemos. **Tudo o que não vem ou não vier em função de ordem, equilíbrio e paz deve, necessariamente, passar para qualquer outra classe da escola do Universo, e elaborar seu próprio conhecimento dessa Lei por caminho diferente daquele que deverá constituir a expressão da vida futura sobre nossa Terra.**"

"Só há um passaporte para a presença desses Grandes Seres: Amor transbordante para com o seu Deus Interno e para com Eles, unido à determinação de extirpar do humano toda discórdia e todo egoísmo. Quando um indivíduo se torna suficientemente decidido a servir somente ao Plano Construtivo de Vida, consegue perfeitamente disciplinar sua natureza humana, por mais desagradável que lhe seja a tarefa. Atrairá, então, automaticamente, a atenção de um Mestre Ascensionado, que anotará seus esforços e derramará sobre ele coragem, força e Amor, sustentando-o até que consiga manter o sentimento de permanente contato com o Eu Divino Interior."

"O Mestre Ascensionado sabe e vê tudo o que concerne ao estudante, porque lê claramente o registro que o estudante fez em sua própria aura. Isso revela o estado de adiantamento do discípulo – sua força, como também suas fraquezas. **O Mestre Ascensionado é a Mente Onisciente e o Olho Onividente de Deus**, porque nada Lhe pode ser oculto. Quem quer que deseje chegar à presença visível e tangível da Hoste Ascensionada há de compreender que, a menos que se transforme num Sol Radiante de Amor, Luz e Perfeição – que o Mestre pode ampliar e usar como uma parte de Si Mesmo e dirigir para qualquer lugar conscientemente – será um imprestável, meramente um parasita, a exaurir a energia dos Mestres."

Se o estudante não disciplinou ainda, nem procura

disciplinar o eu pessoal para ser calmo de espírito, pacífico, afetuoso de sentimento e forte de corpo, não é material que o Mestre Ascensionado possa empregar no super-humano mister que realiza. Quando o estudante não tem um veículo forte, controlado e bastante evoluído, é incapaz de cooperar com um Mestre Ascensionado e, portanto, de efetuar o trabalho de maneira tal que transcenda a corriqueira experiência humana."

"Se algum desses Seres Perfeitos admitisse um estudante sem tais qualidades em seu campo de trabalho, estaria cometendo o mesmo erro de alguém que, construindo uma máquina ou edifício, empregasse material imperfeito."

"Essa espécie de material naturalmente não poderia suportar força excepcional em caso de súbita necessidade ou serviço prolongado. Assim, não seria próprio da sabedoria, do Amor ou da misericórdia sujeitar alguém a uma experiência para a qual nunca foi treinado, nem é bastante forte para suportar. Como os Mestres Ascensionados são o ponto culminante de Perfeição, está claro que nada farão que não seja justo, afetuoso e sábio."

"A atitude de quem aspira trabalhar em cooperação consciente com a Hoste Ascensionada não deverá ser: 'Meu desejo é chegar até Eles para que me instruam' – e sim: 'Hei de purificar-me, disciplinar-me e aperfeiçoar-me tanto, hei de tornar-me tal expressão de Amor Divino, sabedoria e poder, que seja capacitado a auxiliá-Los em Seu trabalho; então, serei automaticamente atraído para Eles. Amarei tão constantemente, tão infinitamente, tão divinamente, que a grande intensidade de minha Luz abrirá o caminho para Eles – para que me aceitem'."

"Meu filho: a autocorreção e o domínio das forças que se acham ao alcance da consciência humana não constituem trabalho de um momento, nem caminho de prazer, indolência ou gratificação de si próprio, porque os sentidos se rebelam dentro do ser humano comum e ele se revolta furiosamente contra o freio imposto à sua natureza inferior, freio esse que é imperioso. O estudante deve buscar governar devidamente tais forças dentro de si, especialmente seus sentimentos, para que possam ser utilizados e atuar somente sob o domínio consciente de sua Mente Divina."

"A sentença *'Muitos foram chamados, porém poucos os escolhidos'* é essencialmente verdadeira. Todos estão sendo constantemente chamados, mas poucos estão bastante despertos para sentir a estática alegria e Perfeição dentro do Eu Divino, e ouvir na Luz a Sua voz sempre e sempre chamando todos para a volta à 'Casa do Pai'."

"Todo indivíduo na Terra é livre, a cada momento, para 'despertar e ir em busca do Pai' – seu Deus Interior – se apenas voltar as costas às criações dos sentidos humanos e firmar a atenção na única fonte do Universo de onde podem emanar paz, felicidade, abundância e Perfeição."

"Há um caminho para todos, a fim de entrar em contato com os Mestres Ascensionados: **pensar nEles, chamá-Los e Eles responderão a cada chamado com Sua própria Presença de Amor. O motivo da apelação, porém, deve ser: Amor à Fonte Única, Amor à Luz, Amor à Perfeição.**"

"Se isso for sincero, determinado e constante, o estudante receberá Luz cada vez mais intensa, porque a Luz conhece o que Lhe é próprio e dá de Si Mesma incessante e incondicionalmente. *Pedi e recebereis; batei e abrir-se-vos-á; procurai e achareis*; apelai para a Luz e os Mestres Ascensionados vos responderão, porque Eles são a Luz do Mundo."

"Lótus serviu como sacerdotisa no templo de Mitla durante mais de quarenta anos, convosco e vosso filho. Pelos esforços combinados dos três, as várias cidades coloniais chegaram a um estado de grande perfeição. Estabelecestes indústrias e dirigistes a agricultura, até que a prosperidade prevaleceu em todo o país."

"Foi revelado ao soberano inca quando ele devia terminar sua peregrinação terrena e seu serviço naquela civilização.

Chamou, então, os três de volta ao lar. Outros foram designados para ocupar vossos lugares, e com bênçãos de Amor ao vosso povo, vós vos despedistes deles."

"Quando chegastes em casa, o rei ficou muito surpreso por ver que nenhum de vós tinha envelhecido durante a longa ausência. Vossa aparência juvenil era o resultado do treinamento experimentado na infância e, para ele, constituía prova ainda maior de que seus filhos tinham sido divinamente enviados, em resposta à sua prece. Profunda gratidão ao poderoso Deus Uno por abençoá-lo, aos seus filhos e ao seu povo, enchiam-lhe sempre o coração."

Nesse ponto, à medida que Saint Germain descrevia as encarnações incaicas, imagens animadas começaram a aparecer no ar, diante de mim, todas no seu colorido e atividade originais. Assim permaneceram por cerca de três horas e Ele revelou aquelas antigas experiências como realidade viva, no Peru e em Mitla.

O soberano inca convocou os quatorze da Cidade de Ouro, preparando-se para o mais importante acontecimento de sua peregrinação terrena. Sabia estar próxima a hora do trespasse, e os negócios do Império deviam ser confiados ao seu filho mais velho, a quem devia nomear seu sucessor, por ocasião de um banquete.

O palácio ficou famoso, por séculos, como sendo a construção mais magnífica desse período, pois o rei possuía enormes recursos à sua disposição em todo o reino. Vivia íntima e continuamente ligado ao seu Deus Interno, e assim, riquezas indizíveis afluíam para seu uso. O interior do palácio era muitíssimo ornamentado, sendo os aposentos particulares da família real revestidos de ouro puro cravejado de pedras preciosas. Onde quer que fosse possível, o símbolo do Sol era usado como uma recordação eterna do Próprio Deus Interno.

No salão de banquetes havia cinco mesas de jade esculpido, apoiadas em pedestais de ônix branco, a cada uma das quais sentavam-se vinte convivas, com exceção da mesa real, onde tinham assento dezesseis, sendo quatorze da Cidade de Ouro, o rei e o Mestre Saint Germain, então conhecido como "Filho de Uriel". As cadeiras da mesa real eram de ouro, delicadamente cobertas com dossel de admiráveis penas de avestruz, em magníficas cores. Na cadeira destinada ao rei, as plumas eram de um belo violeta; na de Saint Germain, de um intenso ouro; cor-de-rosa na da filha. As da cadeira do príncipe mais velho eram de cor violeta, porém de um tom mais claro que as do soberano; finalmente, na do filho mais novo, eram brancas, representando a autoridade do sacerdócio. As plumas das cadeiras dos quatorze da Cidade de Ouro eram de variadas cores, de beleza indescritível, representando cada cor o cargo e o serviço que cada ocupante desempenhava no Império.

Toalhas de um material muito leve, copiosamente bordadas com linha de um brilho notável, cobriam as mesas. Todo o palácio era iluminado por globos de cristal autoluminosos, dados por Saint Germain ao soberano inca logo que este começou o seu aprendizado.

Trajava o monarca uma roupagem real de ouro, de estrutura aparentemente metálica, com maravilhoso peito de armas de pedras preciosas representando o Sol. Sobre esse traje, o manto real, feito de rico tecido púrpura, enfeitado de magníficas plumas de avestruz em toda a orla e gola. Sua coroa era constituída de um diadema de brilhantes que sustinha atrás três plumas de cor violeta. Essas três plumas simbolizavam, na Vida Interior do rei, as três atividades da Cabeça de Deus – Pai, Filho e Espírito Santo, atuando através do homem como Amor, Sabedoria e Poder. Os dois príncipes vestiam roupas semelhantes às do pai, exceto quanto ao longo manto real, usando também, cada um deles, o símbolo do Grande Sol, formado por um peito de armas de pedras preciosas. A coroa do primogênito era cravejada de esmeraldas e as plumas da parte posterior eram de cor violeta, como as da coroa do rei, porém em tom mais claro. O diadema do outro príncipe era cravejado de pérolas, sendo brancas as plumas – símbolo acrescentado às suas funções de sacerdote.

A princesa usava um vestido de fino tecido de ouro, como teia de aranha, com uma túnica de material opalino, cintilante, e que mudava de cor a cada movimento do corpo. Usava, também, um cinto de diamantes e esmeraldas, com a respectiva faixa, que pendia até quase atingir o chão. Na cabeça, uma touca justa, de tecido, e em volta do pescoço um colar de onde pendia o símbolo do Grande Sol com diamantes, rubis e esmeraldas engastados. Suas sandálias eram de ouro, também ornadas com pedras preciosas.

No momento preciso em que o rei deixava seus aposentos particulares a caminho do salão de banquetes, uma Luz ofuscante rutilou no palácio e Saint Germain surgiu diante de nós, à semelhança de um Deus. A Luz que O cercava quase cegava pelo brilho, e foram precisos alguns segundos para que a ela nos acostumássemos.

Seus belos cabelos dourados pendiam-Lhe sobre os ombros e estavam presos por um diadema de diamantes azuis, que Lhe contornavam a cabeça. Sua própria irradiação intensa brilhava através da cor dos cabelos, a ponto de parecer luz solar. O penetrante e cintilante violeta de Seus olhos contrastava fortemente com a tez, que revelava a suave cor rosada da mocidade e da saúde perfeita. Seus traços fisionômicos eram muito regulares, como os dos antigos gregos.

Vestia roupagem de maravilhoso, deslumbrante tecido branco, inteiramente diferente de qualquer coisa conhecida no nosso mundo moderno. Esse traje se Lhe ajustava ligeiramente ao corpo à altura da cintura, que era cingida por um cinto de diamantes amarelos e safiras, com uma faixa pendente até os joelhos. No dedo médio da mão esquerda via-se-Lhe um anel com esplêndido diamante amarelo, e no da mão direita outro, com uma safira de brilho quase igual, ambas as jóias cintilando extraordinariamente, em virtude da grande irradiação de Seu portador, que acabara de chegar da Cidade de Ouro.

O rei surpreendeu-se e manifestou grande alegria ao Seu aparecimento, e fazendo o sinal do coração, da cabeça e da mão, curvou-se em reverência diante dEle, oferecendo ao Mestre o braço. Assim prosseguiram até o salão de banquetes.

Aqui, as mesas tinham sido guarnecidas com um completo serviço de ouro, cristal e jade. Os filhos do rei chegaram logo depois e ao avistarem seu querido Mestre, quase não contiveram a alegria. Entretanto, não esqueceram a dignidade do momento e, fazendo o Sinal Divino que lhes fora ensinado, inclinaram-se respeitosamente diante do pai e de seu distinto hóspede.

Foi dado o sinal e todos se sentaram. O rei sentou-se à cabeceira da mesa, o Mestre Saint Germain à sua direita, seguido da princesa. O filho primogênito ficou à esquerda do rei, ao seu lado o irmão mais moço e os demais da Cidade de Ouro.

Ao terminar o banquete, o soberano levantou-se, ficando todos atentos. Permaneceu silencioso por um momento e estendendo a mão ao amado Saint Germain, apresentou-O aos hóspedes. O Mestre inclinou-se graciosamente e o rei contou-lhes como lhes fora ensinada, a ele e aos filhos, a mais alta Lei Espiritual, e como as grandes bênçãos que caíram sobre aquele país e seu povo, eram o resultado do grande amor do Mestre. Além disso, explicou-lhes que o banquete fora oferecido a Ele para indicar seu sucessor ao trono.

Fez sinal ao filho mais velho para se levantar e proclamou-o futuro governante da nação. Tirando o manto real, colocou-o nos ombros do filho e Saint Germain, pousando as mãos sobre sua cabeça em sinal de bênção, disse:

"Eu vos abençôo, Meu filho, em nome do poderoso Deus Uno – no homem e no governo do Universo – cuja suprema Sabedoria vos há de dirigir, cuja Luz vos iluminará, cujo Amor vos abençoará e envolverá, bem como à vossa terra e ao vosso povo".

Tocando com o polegar da mão direita a testa do jovem, o Mestre amado levantou a mão esquerda e um ofuscante jato de Luz envolveu a ambos.

O rei nomeou, então, os que deviam substituir a princesa e os príncipes no templo de Mitla. Saint Germain, o rei e seus filhos, bem como os hóspedes da Cidade de Ouro, encaminharam-se para a sala do trono, onde o Mestre outra vez lhes dirigiu a palavra, dizendo:

"Amadas Criaturas da Luz! Vosso irmão, o rei, em breve irá gozar seu bem merecido descanso e receber instrução mais elevada. Até então, Eu permanecerei convosco. Vossa civilização atingirá seu apogeu sob o governo deste outro nosso amado irmão, e precisareis acrescentar bens de fortuna para realizar tudo o que deve ser feito. No coração das montanhas, não muito longe daqui, há um grande tesouro em ouro e pedras preciosas."

"O filho mais moço de vosso governante atual até agora não relembrou uma faculdade que ele usava em tempos passados. Estimularei novamente essa atividade interior, para que as exigências de vossos futuros empreendimentos sejam satisfeitas."

Isto dizendo, encaminhou-se para o mais jovem dentre os filhos do rei e tocou-lhe a fronte com o polegar direito. Um tremor percorreu o corpo do príncipe, cuja visão interna se abriu. Ele viu, nas montanhas longínquas, um certo local que continha tão grandes riquezas, que compreendeu não ser preciso outra reserva para suprir as necessidades decorrentes das atividades externas. Prestou, então, testemunho de obediência ao seu amado Mestre e prometeu que, com Sua assistência, seria realizado plano para o aproveitamento de tão grande tesouro. Três das minas que ele abriu e fez explorar foram fechadas e seladas quando terminou o reinado dos da Cidade de Ouro. Elas continuam fechadas até hoje.

Arqueólogos têm encontrado, de tempos em tempos, por vários processos, sinais e provas evidentes do espantoso desenvolvimento que essa civilização alcançou, bem como o esplendor de suas realizações. Os fragmentos das atividades incaicas até aqui descobertos são da civilização durante seu declínio, mas dia virá em que aquilo que foi manifestado durante o apogeu será revelado para benefício, iluminação e serviço da posteridade.

No dia seguinte foram enviados mensageiros aos principais pontos do Império, anunciando a subida do príncipe herdeiro ao trono. Sua reputação já o precedera, na Cidade de Mitla, pela sabedoria, nobreza de caráter e espírito de justiça amplamente conhecidos por todo o reino, durante os anos em que lá serviu.

Poucos dias mais tarde, o filho mais moço recomendou ao engenheiro das minas que preparasse equipamento, homens e suprimentos para irem às montanhas abrir a mina que lhe tinha sido mostrada pelo uso da visão interna.

Quando estavam prontos para a viagem, o príncipe ficou a sós e fixou a atenção firmemente no próprio Deus Interno, sabendo que seria infalivelmente levado a encontrar a mina; por isso, não teve dificuldade ou atraso, indo diretamente ao local que lhe fora mostrado na visão. Pôs a trabalhar um grande número de homens, e ao fim de sessenta dias, tinham aberto a mina no ponto onde estabeleceram contato com o mais rico veio de ouro até então localizado na América do Sul, antes ou depois dessa época. A descoberta e a exploração dessa mina chegaram até os nossos dias como lenda, entre o povo. O jovem regressou de sua missão entre calorosas boas-vindas por parte da multidão, recebendo as bênçãos de seu pai, de Saint Germain, de seu irmão mais velho e de sua irmã.

A mina estava situada numa altitude de 2.400 metros, e durante o tempo que lá permaneceu, o filho do rei tornou-se sumamente sensitivo, atividade essa que **sempre** ocorre nas grandes elevações. Voltando ao palácio, sentiu claramente que chegara o momento do governante inca efetuar a grande mudança, isto é, compreendeu que seu passamento estava próximo.

Chegou o dia da coroação do filho do rei, quando ele devia assumir, legal e publicamente, a responsabilidade e os deveres do reino. A família real pediu a seu amado Mestre e amigo que procedesse à coroação do novo soberano, ao que Ele gentilmente aquiesceu.

Esmerados preparativos tinham sido feitos para que o importante acontecimento fosse completo, e a cerimônia prosseguisse até o momento em que a coroa devia ser colocada sobre a cabeça do novo rei. Mas todos notaram que Saint Germain não fazia menção de apanhar a coroa.

Subitamente, surgiu um deslumbrante jato de Luz e perante eles apareceu um maravilhoso Ser. Parecia tratar-se de uma jovem de dezoito anos apenas, mas de seus olhos e de sua Presença emanava esplêndida irradiação, plena do Amor, da Sabedoria e do Poder de uma Deusa. A Luz que impregnava a atmosfera em torno dela era de um branco cristalino – faiscando e cintilando constantemente.

Estendendo as delicadas mãos, tomou a coroa e com graça infinita colocou-a na cabeça do filho do rei, dizendo com uma voz que era a própria alma da música:

"Querido da Cidade de Ouro, eu te corôo com o Amor, a Luz e a Sabedoria de que esta coroa é símbolo. Possam teu sentimento de justiça, tua honra e tua nobreza perdurar sempre. Por uma Ordem Divina, reinarei contigo, invisível a todos, exceto aos da Cidade de Ouro que aqui se encontram".

O novo rei ajoelhou-se para receber a coroa e o Ser Maravilhoso inclinou-se e beijou-lhe a fronte. Voltou-se, então, para os hóspedes presentes, e estendendo as mãos, abençoou-os. Imediatamente uma suave Luz rósea encheu o ambiente, sendo isso o extravasamento de Seu Amor para com todos. Abençoou o ex-rei e, voltando-se para a princesa, estreitou-a num carinhoso abraço. Ao filho mais moço estendeu a mão e ele, ajoelhando-se, beijou-a com profunda reverência.

O novo rei subiu ao trono e cumprimentou os assistentes, inclinando-se. Oferecendo o braço ao lindo Ser, mostrou o caminho para o salão de banquetes, onde celebraram a coroação com uma festa. Fez sinal para que se sentassem e dirigiu-lhes a palavra nestes termos:

"Povo meu muito amado, sei que há unicamente Uma Poderosa Presença – Deus – na humanidade e no Universo, que tudo governa. É meu desejo, como sempre foi, viver de tal modo que minha mente e meu corpo sejam canais desimpedidos e expressões perfeitas da Una e Grandiosa Presença Interior. Que Deus vos abençoe sempre, meus amigos, e a vós, meu povo, à nossa terra e sua atividade, prodigalizando-vos amor, paz, saúde e felicidade. Possa este Império, que é domínio de Deus, e de que somos tão somente guardiães, continuar em abundante prosperidade. Que o amor que tenho a Deus os envolva sempre, e eu rogo à Luz Eterna de Deus que vos eleve à Sua Divina Perfeição."

Já ia em meio o banquete quando o ex-soberano tornou-se extremamente pálido. O novo rei fez sinal ao irmão, que se aproximou do pai, conduzindo-o para os aposentos particulares da família real. Deitou-se o monarca e durante quase quatro horas permaneceu em imobilidade absoluta. Continuaram a seu lado os filhos, o Mestre Saint Germain e o Ser maravilhoso.

Chegado o momento final da jornada terrena do velho soberano, o Ser Maravilhoso acercou-se da cabeceira do leito onde ele jazia e dirigiu-lhe a palavra:

"Irmão inca, pensaste em deixar tua forma à ação dos quatro elementos, mas declaro-te que ela será elevada, transmutada e iluminada dentro do eterno Templo de Deus, que expressa toda Perfeição. Teu grande serviço te livrou da roda dos nascimentos e daquilo que se chama 'morte'. Sê, agora, recebido pela Hoste Ascensionada de Luz com a qual, para todo o sempre, serás Uno."

Lentamente o corpo subiu para dentro de sua Perfeição Eterna, desaparecendo por completo. Saint Germain voltou-se para os circunstantes:

"Meu trabalho aqui terminou". Isto dizendo, deu um passo à frente e colocou um anel do mais original modelo no dedo médio da mão direita do rei. O adorno desse anel era um globo autoluminoso em miniatura, de uma substância precipitada como se fosse pérola, tendo no centro uma pequenina Chama azul. Era um foco de Luz da mesma natureza dos globos que Saint Germain dera ao pai do rei para iluminar o palácio.

"Aceitai isto", prosseguiu, "do Mestre da Cidade de Ouro. É um pedido Seu que useis sempre este anel em contato com vosso corpo". Despedindo-Se de todos e inclinando-Se graciosamente, desapareceu.

Os três filhos do soberano inca tinham corpos físicos perfeitos em virtude das instruções que na infância receberam do Mestre Saint Germain, quando vinha diariamente da Cidade de Ouro a fim de prepará-los para a vida de serviço ao povo. Todos tinham os mais belos cabelos dourados e olhos azul-violeta. A altura dos dois filhos era cerca de um metro e noventa, e a da filha, um metro e setenta. Possuíam uma grande e natural dignidade no porte, deixando transparecer o Domínio Interno que haviam adquirido sob a direção do Mestre. Quando o primogênito subiu ao trono, contava 68 anos de idade; parecia, no entanto, não ter mais de 25 anos. Mesmo na época em que deixaram a Terra, nenhum parecia ter mais que essa idade. O novo rei governou durante 47 anos, chegando a viver até a idade de 115 anos. A princesa alcançou a idade de 113 anos e o filho mais moço a de 111 anos.

O povo inca desse período tinha os olhos e cabelos escuros, sendo a cor da pele igual à do índio norte-americano. Os que se encarnaram, constituindo a massa popular, não eram almas adiantadas, como no caso de algumas das primeiras civilizações – do Egito, da Atlântida e do deserto de Saara. Por essa razão, a Grande Hoste dos Mestres Ascensionados, que auxilia espalhando a Luz na humanidade, colocou o governante inca, seus filhos e os outros quatorze da Cidade de Ouro na direção do governo e do povo, para estabelecer o padrão que deveria servir de modelo às atividades posteriores. Idealizaram uma forma de governo e um plano de desenvolvimento tal que, se tivessem sido executados, teriam tornado toda a civilização capaz de atingir grande altura quanto à realização externa e, ao mesmo tempo, de receber extraordinária Iluminação Interna.

À medida que se aproximava o tempo da escolha de um governante dentre os próprios incas para suceder ao rei e seus auxiliares, grande cuidado foi exercido para que a escolha recaísse naqueles cujo crescimento interno fosse mais avançado. Quatorze foram encontrados para substituir os da Cidade de Ouro. O Ser Maravilhoso tornara-se diariamente visível ao rei, pelo espaço de 47 anos, aconselhando e dando assistência através de Sua irradiação, de modo que a sabedoria e a força constituíssem o poder diretivo do povo.

Os sucessores do rei e dos quatorze da Cidade de Ouro foram chamados à presença do muito amado e sábio soberano, e o Ser Maravilhoso, que se tinha tornado invisível, fez-se visível a todos. A Luz ao seu redor aumentou em fulgor e Ela assim lhes falou:

"Por mais de noventa anos os Grandes Mestres Ascensionados de Luz têm ensinado, iluminado, abençoado e feito prosperar o povo e este Império. O exemplo está diante de vós. Se o seguirdes, tudo continuará a prosperar, derramando-se bênçãos sobre vossa terra. Se, porém, não conservardes **acima de tudo** o Amor pelo Supremo Deus Interno em vossos corações, e se não O reconhecerdes **sempre** como governante do Império e de seus habitantes, sobrevirá a decadência, e a gloriosa perfeição, desfrutada por mais de um século, será esquecida. Eu vos confio ao cuidado da Grande e Suprema Presença em todos. Que Ela sempre vos proteja, dirija e ilumine".

Nesse momento, uma prova visível da existência do próprio Deus Interno em cada ser humano foi revelada aos que deviam guiar o destino do Império durante os anos subseqüentes. Essa mesma prova será dada novamente ao atual povo da América. Na presença do novo governante e de seus acompanhantes, o rei e os quatorze da Cidade de Ouro saíram de seus corpos físicos e tornaram visível o Deus Interior de cada um a todos os convocados. Em poucos momentos os corpos físicos desapareceram, dissolvendo-se no ar.

"Assim", explicou Saint Germain, "tivestes a revelação do registro de uma outra vida, das bênçãos e êxito resultantes da afetuosa aceitação da Suprema Presença do Uno Deus Interior. Regressemos, agora, a Royal Teton".

Chegamos à entrada e penetramos no salão de audiências. Lá, nas paredes, estavam os retratos gravados sobre ouro, transferidos do antigo templo de Mitla. Passamos à sala de arquivos e vimos os registros transportados pelos Seres lindos e resplandecentes. Outras coisas, que não tenho permissão de revelar, tinham sido, também, transportadas.

Ao término dessas experiências, compreendi, no mínimo parcialmente, alguma coisa do que deva ser o verdadeiro Amor, porque a ninguém é possível exprimir, com fidelidade, o intenso sentimento de Amor e gratidão que nos inspiram os Mestres Ascensionados, depois de termos sido admitidos a realizar as experiências pelas quais passei, desde o meu primeiro encontro com Saint Germain. Isso não poderá, jamais, ser traduzido em palavras. Depois de um tal contato, só permanece um irresistível desejo na vida: ser o que Eles são.

É então que compreendemos o que quis dizer o Mestre Jesus quando falou na "Casa do Pai" como sendo, realmente, "a Morada da Bem-Aventurança". Uma vez que se tenha verdadeiramente experimentado, mesmo por uma fração de segundo, a extática bem-aventurança irradiante de um Ser Ascensionado, nada existe na humana experiência que não se possa suportar ou sacrificar a fim de alcançar essa altura de realização, trabalhando para expressar, também, tal Domínio e Amor.

Entende-se, verdadeiramente, que essa Perfeição é para todos os filhos de Deus, e é tão real como o pode ser a própria realidade. Por mais feliz que possa ser a vida do ser humano comum, é certamente uma superficial existência se comparada ao estado Ascensionado desses Grandes Seres. As mais belas e assim chamadas perfeitas criações dos seres humanos, com todo o seu blasonado poder e aperfeiçoamento, são grosseiras e incipientes se comparadas com a liberdade, a beleza, a glória e a Perfeição que constituem a experiência diária e contínua de quem quer que tenha feito a ascensão do corpo, como o fez o Mestre Jesus, o Cristo.

Fui invadido por indizível sentimento de gratidão e amor para com Saint Germain, quando chegou o momento de voltar ao meu corpo. Ele percebeu o que eu senti e correspondeu com esta declaração:

"Meu filho", disse-me então, "não poderíeis receber o que não fosse merecido. Mereceis isso e muito mais, o que se tornará evidente com o correr do tempo. Lembrai-vos, entretanto, que o que parece misterioso só o é porque não pode ser interpretado. Quando compreendidas, todas as ocorrências estranhas serão consideradas naturais e de acordo com a Lei. A seguinte Verdade ficar-vos-á para sempre gravada na memória. Ei-la:

"Todo o filho de Deus que reconhecer e aceitar a Presença do poderoso Deus Uno, ancorada dentro de seu coração e de seu cérebro, e sentir essa Verdade profundamente, muitas vezes por dia, assimilando e compreendendo que Deus lhe enche a mente e o corpo de tanta Luz que não há lugar para mais nada, esse poderá ser livre. A Una Presença Toda-Poderosa é a potente atividade harmoniosa da Vida e dos afazeres de cada um, e se sua atenção se fixar fortemente e com determinação nessa Verdade Eterna, nenhuma realização será demasiado grandiosa para impedi-lo de alcançá-la."

"Só há uma fonte e princípio de Vida a que devemos dedicar nossa inteira atenção: é o Divino Interno em cada indivíduo. Ao Grande e Harmonioso Eu Interno, o eu pessoal deve sempre prestar reconhecimento consciente e manter-se em constante comunhão interior com Ele, seja qual for a atividade externa da mente."

"Esse Grande Eu Interno é a Energia-Vida fluindo sem cessar através de cada corpo humano, mediante a qual todos podem se mover no mundo da forma. É a Sabedoria fluindo através da mente, a Vontade dirigindo todas as atividades construtivas, a Coragem e a Força sustentando a todos, o sentimento do Amor Divino, com o qual toda força pode ser qualificada quando flui através do indivíduo – **o único poder que pode sempre realizar todas as coisas boas e construtivas**. É o Todo-Vitorioso Domínio Consciente sobre todas as condições da atividade humana, quando liberado através do eu pessoal sem resistência ou interrupção."

"Esse poderoso Deus Interno em cada ser é o Dirigente Supremo de toda a Criação e a única segura, permanente e eterna fonte de auxílio na existência. Só por meio de Seu Amor, Sabedoria e Poder pode alguém elevar-se dentro da Mestria Ascensionada, porque a constante e consciente comunhão com Ele significa liberdade e Domínio sobre toda a criação humana. Quando digo 'criação humana', refiro-me a tudo o que é discordante e inferior à Perfeição."

Acercamo-nos de meu corpo e logo que nele entrei, Saint Germain tomou-me as mãos e verteu uma corrente de Sua divina energia através de mim, para sustentar-me e fortalecer-me. Senti-me instantaneamente revigorado, na mente e no corpo. Sentei-me, fixei minha atenção com profunda intensidade em minha própria "Presença – Deus", e oferecí uma oração de gratidão pelas extraordinárias bênçãos que tive o privilégio de receber.

O Mestre inclinou-se com toda a graça que Lhe é peculiar e desapareceu.

Capítulo VI
CIDADES SUBMERSAS DO RIO AMAZONAS

Dias depois, trabalhava eu concentrado, uma tarde, quando ouvi distintamente a voz de Saint Germain.

"Aprontai-vos", disse, "Esta noite, às nove horas, virei buscar-vos".

Num instante fiquei alerta, terminei rapidamente meu trabalho, tomei banho e preparei-me para jantar cedo.

"Trar-vos-ei alimento adequado", explicou Ele; assim, esperei e entrei na mais profunda meditação de que tenho memória, reconhecendo, somente, a Manifestação Perfeita de Deus.

Pontualmente às nove horas Ele apareceu no meu quarto, vestindo roupagem de uma substância brilhante, parecendo metálica, aspecto de aço polido, mas dando a impressão, ao tato, da combinação de seda muito macia com borracha extremamente leve. Toquei no lindo e maravilhoso tecido e tão fascinado fiquei, que saí do meu corpo físico sem perceber, até que me virei e vi-o estendido no leito. Dirigindo-me para um grande espelho que havia na porta, verifiquei que minha roupa era exatamente igual à de Saint Germain. Fiquei admirado, sem compreender por que nossas vestimentas eram diferentes daquelas com que até então saíamos. Ele viu essa pergunta na minha mente e a ela respondeu:

"Procurai entender, Meu filho, que na condição Ascensionada de vida, temos sempre liberdade de utilizar a Substância Pura Universal para a finalidade que nos aprouver, dando-lhe a qualidade específica que desejarmos, de acordo com os fins em vista."

"Se quisermos usar material indestrutível, impomos essa qualidade à Substância Pura Universal e Ela corresponde ao nosso desejo. Se precisarmos que uma forma qualquer se manifeste apenas por um certo tempo, damos à Substância de que ela é composta essa qualidade, ou ordenamos, e a forma se manifesta de acordo. Agora vamos passar através da água; a irradiação do material de vossa roupa cerca de tal modo vosso corpo mais sutil, que vos isolará das qualidades e atividades naturais do elemento água."

"Procurai pensar nesse poder que está dentro de vós. Lançai mão do grande oceano de Substância Universal, do qual podeis sacar sem limites. Ele obedece, **sem exceção**, à direção do pensamento, e registra qualquer qualidade que lhe for imposta, através da atividade do modo de sentir peculiar à humanidade."

"A Substância Universal obedece sempre à vossa vontade consciente. Ela está respondendo constantemente aos pensamentos e sentimentos da humanidade, quer o percebam, quer não. Não existe um instante sequer em que os seres humanos não estejam imprimindo a essa substância uma qualidade ou outra, e é só através do conhecimento que o indivíduo obtém controle consciente e pode manipular o Seu ilimitado oceano. Só então ele começa a compreender as possibilidades de seus próprios Poderes Criadores e **as responsabilidades que assume ao projetar os seus pensamentos e sentimentos.**"

"A humanidade, através dos séculos, tem qualificado a Substância Universal com algo deteriorado e limitado, e os corpos que ela usa hoje são expressões dessas características. Toda a raça humana desencadeia tempestades de ódio, mágoa, vingança e muitas outras explosões de sentimentos destrutivos, e os quatro elementos, que registraram essas condições, devolvem-nas aos homens através do mundo da Natureza, na forma de cataclismos. Os povos da Terra emitem avalanches de pensamentos de mágoas e ressentimentos de uns contra os outros, contra a injustiça, contra lugares ou coisas, emitindo consciente ou inconscientemente o sentimento de vingança. O grande oceano de Substância Universal, sobre o qual têm sido registradas essas manifestações, devolve-as à própria fonte – o indivíduo – por meio dos quatro elementos, à semelhança do bumerangue, e essas forças voltam-se contra ele, que é totalmente impotente para controlá-las."

"Tais atividades são apenas meios que a Natureza emprega para se purificar, agitando-se para se livrar da contaminação dos pensamentos e sentimentos humanos discordantes, que voltam à sua origem – condição de pureza de Deus."

"A todo instante, cada indivíduo está recebendo, na mente e no corpo, a pura e perfeita Vida de Deus. A todo momento ele está também imprimindo qualidade, de qualquer espécie, à pura e universal Substância de Deus. Essa qualidade só ele cria e gera, devendo recebê-la de volta em sua mente e em seu corpo, pois todas as coisas no Universo movem-se em círculo, voltando, assim, à sua fonte."

"Os Mestres Ascensionados aprenderam a 'Lei do Círculo' – A Lei do Uno. Portanto, Nós impomos sobre a Pura Substância Universal somente a qualidade que desejamos utilizar, para o trabalho especial que tivermos em vista. Se desejarmos que uma manifestação se expresse por um certo período de tempo, marcamos a duração, expedimos o comando, e a substância de que se compõe essa especial manifestação responde de acordo.

"No caso dos arquivos de Royal Teton e de certos retiros existentes no mundo, é necessário a nosso trabalho que certas coisas sejam tornadas imperecíveis, a fim de serem mantidas durante séculos. Nós determinamos nelas essa qualidade e elas registram exatamente nossa ordem, porque a Natureza não mente jamais. É uma fiel registradora das qualidades que lhe imprimem. Ela Nos obedece, como também obedece ao homem, mas há dentro dela uma certa atividade que a humanidade ignora, ou teimosamente não quer reconhecer. Por essa ignorância e obstinação, a humanidade **paga, paga** continuamente, até que o indivíduo aprenda por si e reconheça essa fundamental e eterna Verdade: a Lei do Uno – a Lei do Amor – a Lei da Harmonia – a Lei do Círculo – a Lei da Perfeição."

"Quando a humanidade aprender realmente essa Verdade e obedecer ao Seu eterno Decreto, as discórdias da Terra e as atividades destrutivas dos quatro elementos cessarão."

"Há na Natureza uma força autogeradora e autopurificadora que dissolve e rechaça tudo aquilo que discorda da Lei do Uno. Essa força ou energia é uma atividade impulsionadora que age de dentro para fora, e é o Poder Uno em expansão. Se a discórdia é imposta à pura Substância Universal, a Energia Eletrônica torna-se temporariamente represada dentro dela. Quando tal energia acumulada atinge uma certa pressão, tem lugar a expansão, destruindo a discórdia e a limitação. Assim, a Grande Vida do Uno – a sempre expansiva Essência Luminosa da Criação – Deus em Ação, domina tudo aquilo que se Lhe procura opor, e continua Seu preestabelecido caminho, o Supremo Governador do Universo. Os Ascensionados Mestres de Luz sabem disso e se identificam com esse conhecimento, tornando-se Unos com o Todo."

"A humanidade pode ter ciência disso e ser, também, Una; basta, apenas, querer. Isso está dentro das capacidades e das possibilidades de todo indivíduo, porque é o Princípio inato e eterno dentro da vida autoconsciente. Esse Princípio não tem favoritos e todos podem expressar Sua plenitude."

"Dentro da vida de todo ser humano há um poder pelo qual ele pode expressar **tudo** o que os Mestres Ascensionados expressam a cada momento, se ele apenas o desejar. Toda vida contém o querer, mas só a vida autoconsciente determina livremente seu próprio curso de expressão. Logo, o indivíduo tem livre escolha para se expressar, tanto no limitado corpo humano como no super-humano Corpo Divino. É ele quem escolhe seu próprio campo de expressão. É ele o Criador. Ele escolheu voluntariamente viver como vida autoconsciente. É a Essência da Criação, inteligência consciente.

"Quando o ser humano se individualiza dentro da absoluta e onipenetrante Vida, elege, por sua própria e livre vontade, tornar-se um foco individual intensificado, inteligência autoconsciente. É o diretor consciente de suas atividades futuras. Assim, tendo uma vez feito a escolha, é o único que pode realizar o próprio destino, que não é uma circunstância implacável, mas sim um plano de Perfeição decididamente projetado. É esse projeto perfeito que ele elege exprimir no campo da forma e da ação. Vedes, assim, meu filho, que um ser humano pode, a qualquer tempo, decidir elevar-se acima de suas imperfeições e limitações humanas e, se empregar **toda** sua vida e sua energia nessa determinação, será vitorioso. Aqueles dentre Nós que elevamos o corpo, realizamos a Ascensão, dando **tudo** ao próprio Deus Interior, e por isso Ele expressa, por Nosso intermédio, Suas qualidades perfeitas – o Divino Plano de Vida."

"Vamo-nos".

Ao iniciarmos nossa jornada, percebi que nos dirigíamos para sudeste. Passamos sobre a Cidade do Lago Salgado, Nova Orleans, golfo do México, ilhas Bahamas e chegamos, então, a uma fita de prata, que eu sabia ser um rio. Nós o seguimos até a embocadura. Enquanto prosseguíamos, disse-me a voz do Deus Interior:

"É o Amazonas".

"Agora ficai consciente", instruiu Saint Germain, "de que Deus em vós está sempre dirigindo e é senhor de todas as situações".

Precisamente nesse momento começamos a descer, e num

instante tocamos a superfície da água. Pareceu-me firme como terra sólida sob nossos pés e experimentei um sentimento de surpresa àquele contato. Saint Germain explicou-me, então, que poderíamos imergir com a mesma facilidade com que nos mantínhamos na superfície, porque as roupas que usávamos irradiavam uma aura protetora até considerável distância em torno de nossos corpos e continham as condições de que necessitávamos para poder explorar as camadas subterrâneas da terra e as coisas existentes sob as águas.

"Isso é devido", continuou Ele, "ao que o mundo científico chamaria um 'campo de força magnético' em torno de nossos corpos, mas a força eletrônica com que estão carregadas estas roupas é de uma eletricidade mais potente e sutil do que a conhecida em vosso mundo físico. Dia virá em que vossos próprios cientistas tropeçarão nela e compreenderão que essa força sempre existiu na atmosfera, sem que eles soubessem como dirigi-la e controlá-la a serviço da humanidade."

"Ela é muito mais facilmente dirigida pela mente do que por aparelhos físicos de qualquer espécie, podendo, no entanto, ser captada e controlada por meios mecânicos. Aquilo que o mundo externo conhece por eletricidade é apenas uma forma crua da Grande Energia Espiritual de Vida. Ela existe por toda parte na Criação. À proporção que o homem se eleva e mantém a consciência em contato com seu Deus Interior, torna-se atento às gigantescas possibilidades no uso dessa grande força e poder. O serviço que ela lhe presta é infinito, no trabalho criador que ele pode efetuar em todos os ramos de atividade."

Penetramos, então, na água, atravessando-a sem que nos oferecesse a menor resistência. Fiquei ligeiramente assustado com a novidade da experiência, mas imediatamente me lembrei da advertência para que ficasse consciente apenas de meu Deus Interno, como senhor de todas as situações. Daí a pouco chegamos junto à margem e passamos por cima de muitos jacarés, que nos viam, mas não se incomodavam com a nossa presença. Prosseguindo para o interior, chegamos ao que parecia o topo de um monumento.

"É a ponta de um obelisco de dezoito metros", explicou Saint Germain. "Somente cerca de três metros se encontram acima do solo. Assinalava o ponto mais elevado de uma importante cidade que foi sepultada durante o último cataclismo, por ocasião da submersão da Atlântida. O obelisco é feito de metal imperecível e está coberto de hieroglifos dessa época. Notai que eles estão muito nítidos, e assim permanecerão, por causa da indestrutibilidade do metal. A cidade, originariamente, foi construída a dezesseis quilômetros da margem do rio, mas na ocasião em que foi submersa, a embocadura do rio alargou-se de muitos quilômetros".

Elevamo-nos no espaço e continuamos acompanhando o curso do Amazonas até um ponto situado a cinqüenta e seis graus de longitude oeste. Fizemos aí observações e nos dirigimos para um ponto setenta graus a oeste. Saint Germain explicou que era essa a região que íamos observar e pesquisar. O local que Ele indicou abrangia o Amazonas entre esses dois pontos, e também dois de seus principais afluentes – os rios Juruá e Madeira.

"Esta civilização", disse Saint Germain, "desenvolveu-se durante o período compreendido entre doze e quatorze mil anos passados. A área que nos interessa é o trecho que vai desde onde o rio Madeira desemboca no Amazonas, até um ponto a oeste, onde o Amazonas toca a Colômbia e o Peru."

"Há treze mil anos, o Amazonas era represado em grandes diques de pedra. Toda a região que o cercava permanecia a uma altitude de 1.500 metros, no mínimo, e em lugar do clima tropical de hoje, prevalecia uma temperatura subtropical durante todo o ano."

"Até grande distância dessa localidade, a região era constituída por uma planura ou platô. Perto da foz do Amazonas, havia belas e grandiosas quedas d'água. A cidade onde se achava o obelisco foi construída entre essas quedas e a costa marítima, cerca de dezesseis quilômetros ao sul do rio. Havia grandes répteis e animais ferozes nas proximidades do rio Orenoco, mais para o norte".

Chegamos a um lugar perto do Madeira e Saint Germain continuou:

"Eis o local de uma antiga cidade, a capital do Império e o lugar mais importante na civilização daquele período". Ergueu, então, a mão, e a cidade tornou-se tão claramente visível como qualquer outra do mundo físico de hoje.

"Observai", explicou, "como era construída em uma série de círculos, de cujo centro partiam as ruas comerciais, como raios do cubo de uma roda. Os círculos externos eram avenidas de passeio, construídas de cinco em cinco quilômetros. Havia sete dessas avenidas, perfazendo a cidade 74 quilômetros de diâmetro, compreendendo o círculo central. Assim, as atividades comerciais não interferiam na beleza e conveniência das avenidas."

"O primeiro círculo interior tinha cerca de seis quilômetros de diâmetro e dentro dele estavam situados os edifícios governamentais de todo o Império. As ruas eram todas belamente pavimentadas e construídas a uma distância de quarenta e cinco a sessenta centímetros abaixo dos edifícios e terrenos adjacentes. Eram irrigadas todas as manhãs e lavadas com perfeição, antes de começarem as atividades diárias."

"Notai a singular magnificência das avenidas de passeio e beleza das plantas e das flores, formando tufos de ambos os lados. Um aspecto muito predominante da arquitetura da cidade consistia em que os últimos andares de quase todos os edifícios, especialmente residências, eram construídos com abóbadas ajustáveis. Podiam ser fechadas e abertas à vontade, porquanto eram construídas em quatro seções, e dispostas de tal modo que podiam convir tanto para dormir como para fins de divertimento. Os dias nunca eram excessivamente quentes e à noite, o maravilhoso ar fresco das montanhas vinha tão pontualmente como o romper do dia".

Entramos no capitólio, enorme estrutura de grande beleza. O acabamento interior era de mármore creme raiado de verde, sendo o chão revestido de pedra escura verde-musgo, assemelhando-se ao jade na sua textura, tudo tão bem ajustado que dava a impressão de ser uma só peça. Na rotunda viam-se mesas grandes, da mesma espécie das pedras verdes do chão, porém num tom mais suave. Eram providas de pesados pedestais de bronze, colocados cerca de um metro a partir de cada extremidade. Saint Germain estendeu novamente a mão e estávamos entre criaturas viventes, movendo-se pelas ruas e edifícios.

Fiquei com a respiração suspensa, espantado – pois vi uma raça inteira de gente de cabelos dourados e bela tez branco-rosada. Os homens tinham de um metro e oitenta e cinco a um metro e noventa de altura e as mulheres, em média, cerca de um metro e setenta e cinco. Seus olhos eram do mais belo azul-violeta, muito límpidos e brilhantes, exprimindo grande e tranqüila inteligência. Atravessamos uma porta à direita e entramos na sala do trono do imperador. Era, evidentemente, dia de audiência, pois ele estava recebendo visitas estrangeiras e locais.

"Este foi o imperador Casimir Poseidon", disse Saint Germain, como explicação. "Ele era, verdadeiramente, Deus encarnado. Notai-lhe a bondosa nobreza do semblante e, no entanto, o tremendo poder que tem dentro de Si. Ele era e é um Mestre Ascensionado – abençoado e imensamente amado. Por muitos séculos, no mito e na fábula, conservou-se dEle viva memória, e a perfeição de Seu reinado foi descrita em poemas épicos; mas à medida que o tempo se transfere para a eternidade, a lembrança de tão grandes feitos desaparece gradualmente e é, muitas vezes, esquecida pelas gerações posteriores".

"Casimir Poseidon era, sob todos os aspectos, um magnífico governante. Media um metro e noventa de altura, era bem-feito de corpo e ereto como uma flecha. Quando se punha de pé, sobrepujava a todos os que Lhe ficavam em torno e a própria atmosfera parecia carregada de Mestria. Seus fartos cabelos dourados pendiam-Lhe sobre os ombros. O manto real era feito de material que parecia veludo de seda de cor violeta, guarnecido de ouro. Sob o manto, uma roupa justa cujo tecido era de ouro flexível. A coroa consistia numa simples fita, também de ouro, com um enorme diamante no meio da testa."

"Esse povo", disse Saint Germain, "estava em contato direto com todas as partes do mundo, por meio de maravilhosa navegação aérea, produzida para seu uso. Toda luz, calor e força eram extraídos diretamente da atmosfera. A Atlântida, durante esse período, achava-se em um maravilhoso estado de progresso, porque tinha sido governada e guiada no caminho da Perfeição por vários Mestres Ascensionados, que apareciam de tempos em tempos, estimulando a elevação espiritual do povo."

"Repetidamente, através das idades, quando uma grande civilização se erguia, isso significava que ela havia sido fundada, inicialmente, dentro dos Princípios Espirituais, e mantido obediência a essas Leis da Vida durante o período de sua ascendência. Entretanto, toda vez que qualquer governo, ou o próprio povo começa a derivar para os caminhos da devassidão, de tal modo que a injustiça e o mau uso da vida tornam-se hábito, quer dos administradores, quer do povo, a desintegração sobrevém e continua até que eles voltem às Leis Fundamentais de equilíbrio e pureza, ou sejam esmagados por sua própria discórdia, para que o equilíbrio possa ser restabelecido e uma nova era se inicie."

"Casimir Poseidon era descendente direto dos poderosos Mestres Ascensionados governadores da Atlântida. Em verdade, a civilização sobre a qual Ele imperava era produto da cultura e da capacidade atlante. Sua capital era famosa no mundo inteiro pela magnificência e beleza."

"Observai, nas zonas rurais, o método empregado para transportar objetos, pois a energia que esse povo utilizava era gerada num instrumento aparentando uma caixa com sessenta centímetros quadrados e comprimento de noventa centímetros, ligado ao mecanismo do implemento em uso. O abastecimento de água dos rios era controlado, sendo também utilizada sua energia. Não havia necessidade de polícia ou organização militar de espécie alguma, em virtude do método pelo qual o povo era relembrado da Lei e do maravilhoso Poder Sustentador que era irradiado, tornando-o apto a prestar obediência a Ela."

No lado leste do parque havia um edifício magnificente. Aproximamo-nos dele. Sobre o portão lia-se: *Templo Vivo de Deus para o Homem*. Entramos e achamos que parecia muito mais espaçoso por dentro do que visto por fora. Devia ter tido capacidade para acomodar, no mínimo, dez mil pessoas sentadas.

No centro desse imenso templo havia um pedestal com cerca de sessenta centímetros quadrados e seis metros e meio de altura, feito de uma substância branco-leitosa e autoluminosa, que desprendia uma luz branca com ligeiro tom rosado. Sobre ele estava um globo de cristal de sessenta centímetros de diâmetro, feito de uma substância que continha no seu interior uma suave luz branca autoluminosa. Essa luz era muito suave e, no entanto, tão intensamente luminosa que o edifício inteiro era brilhantemente iluminado.

"Esta esfera", observou Saint Germain, "era feita de material precipitado, encerrando um intenso Foco de Luz. Foi idealizada e colocada no templo, naquele período, por um dos Grandes Mestres Cósmicos, como atividade sustentadora e dispensadora de Vida para o povo. Emitia continuamente não só Luz, como também energia e poder, que estabilizavam suas atividades, bem como as do Império."

"A esfera de Luz foi focalizada pelo Grande Ser, e o edifício, erigido depois em volta dela. Era, realmente, um Foco Precipitado, e a atividade concentrada da Suprema Presença de Deus. O Grande Mestre Cósmico que A estabeleceu aparecia uma vez por mês ao lado da Luz e proclamava a Lei de Deus, a Lei do Governo e a Lei do Homem. Decretava Ele, assim, o Divino Caminho da Vida e era o Foco das Atividade Crísticas para o povo daquela era."

Saint Germain tornou a estender a mão e os quadros vivos e sonoros desse Grande Ser passaram diante de nós. É absolutamente impossível colocar em palavras a glória dessa Presença. Só posso dizer que Ele era, verdadeiramente, o Filho de Deus em expressão perfeita. Em certo momento, ouvi o Grande Mestre Cósmico proclamando a Lei ao povo.

A lembrança da majestade de Sua presença e de Seu Decreto ficaram gravados em minha memória para a eternidade, tão claramente permanecem em minha consciência. Transmito-vos Seu Decreto, tal como ainda perdura diante de mim:

"Filhos amados de Deus Uno e Todo-Poderoso, acaso não sabeis que a Vida que viveis emana da Una Presença Suprema – eternamente pura, Santa e perfeita? Se alguma coisa fizerdes para macular a beleza e a perfeição dessa Vida Una, apartar-vos-eis das dádivas de Deus. Vossa vida é a jóia sagrada do Amor de vosso Deus – a 'fonte' dos segredos do Universo."

"Vosso Deus vos confia a Luz de Seu próprio coração. Amai-A! Adorai-A! Fazei com que Ela se expanda sempre em maior Luz e maior glória! Vossa vida é a 'Pérola de Grande Valor'. Sois os guardiães do tesouro de Deus. Vigiai-o, e não o useis senão para Ele, e sabei que recebestes a 'Luz da Vida', de cujo uso tereis de prestar contas."

"A vida é um círculo contínuo, o Princípio sobre o qual repousa a construção de vossa cidade. Se criardes

aquilo que se assemelha à vossa Fonte e reconhecerdes Seu Amor e Sua paz dentro de vós, se usardes vossos poderes criadores para derramar bênçãos somente, então, enquanto vos moverdes em volta de vosso círculo de existência, conhecereis a alegria da vida e a ela será acrescentada maior alegria. Se vossas criações não forem puras como na origem, vossos males voltarão a vós, acrescidos de outros da mesma espécie."

"Vós, somente, escolheis vosso destino, e vós, somente, respondereis perante Deus pelo uso que fizestes da vida – de vosso ser. Ninguém pode escapar à Grande Lei. Por longo tempo, proclamei essa Lei da Vida. A Lei de 'Vós Mesmos', está dentro de vós, porque podeis sempre vos aproximar de vosso Deus, se desejais Perfeição de Vida."

"Nem sempre virei, como agora, deter vossos transviados passos sobre o caminho da Verdade, nem para vos fazer lembrar a vossa Luz Eterna, colocada no pícaro de um monte para vos guiar. Em um dia distante, falarei dentro do coração do homem, e se amardes a Vida, vireis até Mim morando em muitos seres. Que isso não produza confusão em vós, Meus filhos. Se quiserdes Me conhecer – A Luz – tereis de procurar-Me, achar-Me, e tendo-Me achado, permanecereis Comigo para sempre!"

"Nesse dia, a Trindade 'Pai-Mãe-Filho' será Una no coração do homem. O Filho é, eternamente, a porta – o caminho para Deus. Em vossa mente e em vosso coração está a Minha Luz para vos fazer lembrar, permanentemente, Minha Presença, porque no futuro estarei presente somente Nessa Luz."

"Então, serei a Sabedoria em vossa mente para governar, o Amor em vosso coração, para que possais ser impregnados com a Paz da Vida Una – Deus. Vosso corpo é tão somente o instrumento de vossa Alma e dentro de vossa Alma deve fluir Minha Luz; do contrário, perecereis."

"Minha Luz em vossa mente é o caminho que leva ao coração da Luz Total. Unicamente pela Minha Luz em vós, podeis expandir a Luz em cada célula de vosso ser, tornando-o cada vez maior. Em vossa garganta está a Minha Luz, que é vosso poder de falar Minhas palavras. Por meio delas, Eu sempre ilumino, protejo e aperfeiçôo Meus filhos. Palavras que não realizam essa tríplice missão não são Minhas palavras, e só podem acarretar desgraça quando proferidas."

"Meditai sobre Minha Luz em vossa mente, em vosso coração, e vereis dentro de todas as coisas, conhecereis todas as coisas e fareis todas as coisas. Então, aquilo que não vem de Mim jamais poderá confundir-vos."

"Pronuncio agora estas palavras para que sejam gravadas em tabuinhas de barro e na memória dos Adeptos. No dia longínquo a que Me refiro, um dos filhos de Deus receberá estas Minhas palavras e as transmitirá para bênção do mundo."

"Nessa época, quando tiverdes recebido plenamente Minha Presença, deixando-A atuar sempre em vossa vida e em vosso mundo, vereis as células do corpo que então ocupardes tornarem-se brilhantes com a Minha Luz e verificareis que podeis continuar dentro desse 'eterno Corpo de Luz' – a Túnica Inconsútil do Cristo. Então, e só então, ficareis livres da roda das reencarnações. Tendo percorrido vossa longa jornada através da experiência humana e cumprido a Lei de Causa e Efeito, transcendereis todas as condições regidas pela Lei e vos convertereis, vós mesmos, na Lei – Amor Total – o Uno."

"Assim é o eterno, o Ascensionado Corpo do Cristo", disse

Saint Germain, voltando-se para mim, "no qual se está apto a empunhar o cetro do Domínio e ser livre. Meu filho, mesmo agora podeis ascensionar na Luz do Uno, porque a Luz está em vossa mente, a Luz está em vosso coração e se nEla firmemente vos conservardes, podereis elevar vosso corpo físico – da limitação para o vosso puro e eterno Corpo de Luz, eternamente jovem e livre, transcendendo tempo e espaço."

"Vosso glorioso Eu está sempre à vossa espera. Penetrai em Sua Luz, recebei paz eterna e repouso – em plena ação. Ele não necessita preparação. Ele tem todo o poder. Vinde e entregai-vos ao abraço de vossa própria Luz, e nesse momento, hoje mesmo, vosso corpo atual pode se tornar ascensionado."

Quando acabou de falar, as imagens extinguiram-se. Prosseguimos até uma curta distância e paramos num lugar onde havia uma grande laje estendida no chão. Tendo Saint Germain focalizado Seu poder sobre ela, a pedra elevou-se da terra e deslocou-se para o lado, descobrindo uma abertura com degraus que conduziam para baixo. Descemos cerca de doze metros e chegamos a uma porta lacrada. Ele passou ligeiramente a mão sobre a porta, que se deslacrou, revelando certos hieroglifos. "Centralizai vossa atenção neste escrito", instruiu.

Assim o fiz e pude ler as palavras: *Templo Vivo de Deus para o Homem* – sobressaindo claramente na porta, frente a mim. Lá estava, então, a mesma porta física que acabáramos de ver momentos antes, nos quadros vivos.

A porta abriu-se e entramos numa sala, sob um dos pequenos domos construídos em cada canto. Neste havia um grande número de caixas de metal, com cerca de sessenta centímetros de comprimento, trinta e cinco de largura e quinze de profundidade. Saint Germain abriu uma e eu vi que elas continham folhas de ouro, nas quais foram escritos com estilete os anais dessa civilização.

Calculei que devia haver salas lacradas e preservadas

embaixo de cada um dos quatro pequenos domos, e que o grande domo central fora construído por sobre a Esfera de Luz. Encontramos uma passagem secreta ligando as quatro pequenas salas, passamos para a segunda destas e vimos os vasos cheios de jóias pertencentes ao templo.

A terceira sala continha ornamentos de ouro e pedras preciosas, o trono e outras cadeiras de ouro. A cadeira do trono era um magnífico exemplar de esplêndida arte de ourivesaria. O recosto tinha o feitio de concha, formando um dossel sobre a cabeça do regente, e dos lados pendiam franjas constituídas de finos elos de ouro, formando cada uma a figura de um oito. Essas franjas estavam presas ao encosto, produzindo um efeito delicado e extremamente gracioso.

No centro da sala havia uma mesa de mais ou menos quatro metros de comprimento por um metro e vinte de largura, feita de jade legítimo, descansando num pedestal de bronze dourado. Perto viam-se quatorze cadeiras, também de jade, com pés revestidos de ouro, assentos recurvados e espaldar lindamente esculpido. No alto do espaldar de cada uma, como que montando guarda, encontrava-se uma linda fênix de ouro, com olhos de diamantes amarelos. A figura dessa ave simbolizava a imortalidade da Alma e o Perfeito Ser Divino em que todo o indivíduo se torna à medida que se eleva das cinzas de sua criação humana, através do fogo do sofrimento.

A quarta sala continha sete diferentes tipos de caixas de potência, como as denominei, porque recebiam e transmitiam energia extraída do Universal para iluminação, aquecimento e força propulsora. Os registros mostravam que esses povos estiveram em contato com todas as partes do mundo, por meio de maravilhosas aeronaves. Em seguida a essa civilização, veio uma conhecida como Pirua; depois dessa veio a Incaica, estendendo-se ambas por um período de milhares de anos.

Pouco antes de ser soterrada a cidade que acabo de descrever, havia ela alcançado o pináculo da glória e o Grande

Mestre Cósmico, que atraíra a Luz mediante a qual ela havia se desenvolvido e se mantido, apareceu no Império, pela última vez. Chegou para dar aviso de um desastre iminente, e teria salvo seus habitantes se estes Lhe houvessem dado atenção.

Ele profetizou o cataclismo que varreu o Império para o esquecimento, antes que cinco anos tivessem transcorrido, e anunciou que seria este o Seu último aparecimento entre eles. Os que desejaram salvar-se, receberam instrução para abandonar essa parte do país, sendo dirigidos para onde deveriam ir com a advertência de que a atividade final seria súbita e completa.

Quando acabou de fazer a profecia, Seu corpo se extinguiu rapidamente e, para consternação do povo, o pedestal e o globo de cristal contendo a Luz Eterna desapareceram com Ele. Durante algum tempo, ficou a população perturbada com a previsão dos acontecimentos que lhe afetavam o Império, mas, passado um ano e como coisa alguma ocorresse, a memória de Sua presença tornou-se nublada e a dúvida começou a insinuar-se quanto à realização de suas predições.

O imperador e os espiritualmente mais adiantados deixaram o Império e chegaram a um certo lugar na parte oeste dos Estados Unidos, onde permaneceram em segurança até operar-se a transformação.

A grande massa do povo que ficou tornou-se cada vez mais cética e dois anos depois, um dentre eles, mais agressivo que os outros, tentou estabelecer-se como imperador. Ao deixar o Império, o verdadeiro imperador selara tanto o palácio como o templo, no qual a Luz tinha sido mantida. O pretenso imperador tentou forçar a entrada do templo selado e caiu sem vida à sua porta.

Ao aproximar-se o fim do quinto ano, ao meio-dia da data fatídica, o Sol escureceu e um pavor imenso tomou conta da própria atmosfera. Ao anoitecer, medonhos terremotos sacudiram o solo e demoliram os edifícios, num caos inacreditável.

A terra que é hoje a América do Sul perdeu o equilíbrio e rolou para leste submergindo de quarenta e oito metros toda a costa oriental. Assim permaneceu por muitos anos; depois foi-se endireitando gradualmente, até chegar a dezoito metros da sua posição original, posição esta em que até hoje se conserva.

Essa atividade causou o alargamento do Amazonas. Anteriormente o rio tinha cerca de 29 Km de largura, era mais fundo do que é hoje, e navegável de um extremo a outro. Fluía de onde é agora o lago Titicaca, no Peru, para o oceano Atlântico. Antes disso, havia um canal construído do Pacífico ao lago Titicaca, e essa ligação com o Amazonas formava uma perfeita via fluvial entre os dois oceanos.

O nome do continente, nessa época, era Merú, tendo-lhe sido dado o nome de um Grande Mestre Cósmico, cujo principal centro de atividade era e é no lago Titicaca. O significado do nome "Amazonas" é "destruidor de barcos", que se conservou pelos séculos afora, desde o período do cataclismo acima referido.

O deslocamento de todo o continente sul-americano explica muitas condições de sua costa ocidental que os geólogos e cientistas não têm sido capazes de explicar com os dados descobertos até agora.

Assim, os grandes cataclismos da Natureza fazem correr a cortina cósmica sobre civilizações de magníficos empreendimentos, e apenas fragmentos destas vêm à luz, à proporção que o tempo caminha para a eternidade. Esta verdade pode ser posta em dúvida pelo mundo exterior, mas os anais dessa civilização – que agora repousam em Royal Teton – serão um dia a prova disso, revelando sua existência como também os feitos dessa era remota.

Enquanto presenciava essas tremendas atividades, admirava-me de como uma civilização podia ter criado tanta maravilha, beleza e perfeição por toda parte, para depois ser arrasada pela terrível ação destruidora de um cataclismo. Saint Germain viu a pergunta em minha mente e prontificou-se a dar a explicação seguinte:

"Como vedes, quando um núcleo da humanidade é bastante afortunado para cair sob a instrução e irradiação de um Grande Mestre de Luz, tal como esse Grande Ser Cósmico, uma oportunidade lhe é dada de ver o que o Plano da Vida representa para ela, bem como a perfeição que lhe cabe produzir, por seu próprio esforço consciente, para nela viver. Infelizmente, porém, e isso tem acontecido inúmeras vezes pelos séculos afora, os povos não procuram compreender a vida, deixando-se cair em estado de letargia. Não exercem o esforço requerido para realizar essas coisas pelo poder de Deus dentro do indivíduo. Começam a se encostar no Único Dispensador de irradiação. O Poder Sustentador só é retirado quando o indivíduo cessa de fazer esforço consciente para compreender a vida e de trabalhar espontaneamente, em harmoniosa cooperação com ela."

"Raramente compreendem que a maior parte dos benefícios que recebem é o resultado do Poder Sustentador do Único Dispensador de irradiação. Se a um determinado grupo de almas é ensinado o caminho da Mestria e se, vida após vida, se lhes faz relembrar sua herança divina, chega a hora em que a assistência não é mais permitida. É então que a irradiação dos Mestres Ascensionados é retirada e aquelas almas são obrigadas a encarar o fato de que o Poder Sustentador e Realizador não era devido ao seu esforço individual."

"Devem entender que só podem receber aquilo pelo que trabalham e se esforçam. Em tal atividade, os reveses experimentados obrigam-nas, através de um esforço consciente, a voltar-se para a Divindade dentro de si e, quando isso se dá, a expansão e o Domínio de Deus começam a se expressar."

"Não há malogro para quem quer que persista em esforçar-se conscientemente, a fim de expressar o Domínio do divino sobre o humano, porque o fracasso sobrevém apenas quando cessa o esforço consciente. Toda experiência por que passa o indivíduo acontece com o único propósito de torná-lo cônscio de sua 'Fonte', de sua Origem. Ele deve aprender quem é, reconhecer-se como um Criador e, como tal, Mestre daquilo que cria."

"Em toda parte, no Universo inteiro, toda vez que o poder de criar é concedido a um ser, a responsabilidade de criar é sempre co-existente com o poder. Toda criação se efetua através do esforço autoconsciente, e se o indivíduo, que recebe essa grande dádiva da Vida recusa-se a assumir a responsabilidade que lhe compete e a cumprir o seu dever, suas experiências na vida hão de fustigá-lo com desgraças até que ele assim proceda, porque a humanidade não foi, de modo algum, criada para a limitação, e assim, não pode descansar enquanto a Perfeição com que foi dotada no princípio não for plenamente manifestada. Perfeição, Domínio, uso harmonioso e controle de toda Substância e Força constituem o 'Caminho da Vida' – o Plano Divino Original para a humanidade."

"Deus dentro do indivíduo é essa Perfeição e Domínio. É essa 'Presença' dentro do coração de cada um, que é a Fonte da Vida – o Doador de tudo o que é bom e perfeito. Quando o indivíduo volta as vistas para sua Fonte e a reconhece como a Emanação de todo o Bem, nesse momento desvia, automaticamente, o fluxo de todas as boas coisas para si e seu mundo, porque **sua atenção, dirigida à sua própria 'Fonte'**, é a Chave de Ouro que lhe abre as portas de tudo o que é bom."

"A Vida, em cada pessoa, é Deus, e só pelo esforço autoconsciente para compreender a Vida e expressar a plenitude do bem através de si mesmo, o indivíduo pode fazer cessar a discórdia na experiência externa. A Vida, o indivíduo e a Lei são 'Um', e será assim por toda a Eternidade."

"Vinde", continuou Saint Germain, "iremos a uma cidade subterrânea perto do rio Juruá".

Dirigimo-nos para oeste e em pouco tempo chegamos a

uma pequena elevação. Saint Germain estendeu a mão e de novo vivificou os anais etéricos desse povo. O lugar que observávamos era a segunda cidade em importância no Império. A outra, de onde tínhamos acabado de chegar, era o foco do poder e da atividade espiritual; esta que víamos agora era a sede das operações comerciais e governamentais, ligadas ao bem-estar material da população. Aí se localizavam: o Tesouro Nacional, a Casa da Moeda e as atividades governamentais e experimentais de Ciência e pesquisa.

Não muito distante dessa cidade, elevavam-se os majestosos Andes, fonte da imensa riqueza mineral do Império. Notei uma coisa nesse povo, que me pareceu a mais extraordinária: todos estavam completamente em paz e plenamente contentes; expressavam ritmo calmo e incomum quando se movimentavam. Os quadros terminaram e nós prosseguimos para o único ponto rochoso visível.

Saint Germain tocou uma das rochas. Ela se deslocou para o lado e vimos um lance de vinte degraus de metal, escada abaixo. Descemos e chegamos a uma porta metálica. Atravessamos, descemos mais vinte degraus e nos encontramos diante de uma porta de bronze selada, maciça. Saint Germain encaminhou-se para a direita e desselou uma abertura quadrada na qual havia chaves metálicas, como as de um órgão. Apertou duas dessas; a grande massa moveu-se vagarosamente e nós nos achamos numa sala imensa, onde tudo permanecia como naqueles tempos remotos. Fora usada como sala de mostruário de invenções, a que o público tinha acesso. Todas as instalações eram feitas de metal combinado com o que parecia ser vidro opalescente.

"Isso", disse Saint Germain, "era obtido por um processo de fusão, combinando certos metais com vidro, de tal modo que tornava o metal forte como aço e imperecível. Um homem dos tempos modernos chegou quase à descoberta do mesmo processo, porque ele tinha todos os elementos menos um, aquele que o tornaria imperecível".

"Toda a sala era revestida com a mesma substância estranha, e três portas maciças davam passagem para fora. Saint Germain dirigiu-se a uma caixa de botões-chaves, apertou três deles e todas as portas se abriram ao mesmo tempo. Atravessamos a primeira e encontramos uma passagem longa e estreita, mais parecendo catacumba do que sala. Estava guarnecida de vasos cheios de discos de ouro, mais ou menos do tamanho de um dólar de prata, gravados com a cabeça do imperador e contendo a inscrição: *"A Bênção de Deus para o Homem"*.

Transpondo a segunda porta, achamos vasos similares, cheios de pedras preciosas não lapidadas, de todas as espécies. Na terceira sala, os vasos eram chatos e continham lâminas de ouro delgadas, nas quais estavam gravadas as fórmulas e os processos secretos usados nesse período.

"Entre estes", disse Saint Germain, "estão muitas fórmulas e processos que não foram empregados naquele tempo remoto. Serão postos em uso na época atual". Ele voltou-se para a caixa de botões-chaves e apertou um outro botão. Abriu-se uma quarta porta que eu não notara antes. Esta conduzia a um túnel abobadado ou passagem, ligando o Tesouro à Casa da Moeda. Devia ter, no mínimo, quatrocentos metros de comprimento. Chegamos ao extremo oposto e entramos numa sala enorme.

Era a parte principal da Casa da Moeda e estava repleta de máquinas de construção admirável. Entre muitas coisas, vi aparelhos para gravar ouro, para cortar e polir pedras preciosas. Eram simplesmente fascinantes, tão perfeito se apresentava o modo de operá-los. A essa altura, Saint Germain mostrou-me uma espécie de vidro maleável, claro como cristal.

Havia nessa sala grande quantidade de pepitas de ouro nativo, ouro em pó e em lingotes, pesando entre três e quatro quilos cada um. Fiquei estupefato diante de tanta riqueza junta e Saint Germain, sabendo como eu me sentia, explicou:

É absolutamente impossível liberar para a massa da humanidade a fabulosa riqueza que vedes diante de vós, porque o egoísmo que ora impera no mundo comercial tornaria o auge da loucura deixar a humanidade desperdiçar mais dons da Natureza do que já desperdiça.

"Deus e a Natureza distribuem prodigamente Suas riquezas sobre a Terra, para uso e felicidade das almas que aqui se encarnam, mas o egoísmo e a ambição do poder, dentro dos sentimentos do ser humano fazem-no esquecer o 'mais elevado Caminho da Vida' e causam a desumanidade do homem para com o homem.

"Os poucos que se erguem, a fim de governar as massas, deviam ter inteligência para saber que o que beneficia a massa beneficia ainda mais o indivíduo – mas se se recusam a reconhecer essa Lei, sobrevém a autodestruição produzida pelo seu próprio egoísmo. O egoísmo e o sentimento de poder para governar outrem cegam a razão e ofuscam a percepção da mente externa para os perigos que eles mesmos correm, e tais indivíduos se atiram precipitadamente na ruína – espiritual, mental, moral e física – ruína que se estende, muitas vezes, até a terceira ou quarta encarnação seguinte. Só a Luz pode elevar o indivíduo acima do egoísmo.

"Somente quando a humanidade se colocar acima do lodaçal de seu próprio egoísmo e de todas as formas de luxúria, poderá ser confiado aos seres humanos tudo o que Deus e a Natureza têm preparado para uso adequado; qualquer indivíduo, porém, quando se purifica de seu egoísmo e concupiscência, pode fazer uso pleno de todas essas riquezas, empregando-as harmoniosamente e em benefício dos outros. O indivíduo **pode preparar-se** para ser o administrador desses dons, porque na era que já se introduziu, só poderão fazer uso ilimitado das riquezas os que se tiverem feito merecedores de se tornar fiéis guardiães e dispensadores desse tesouro. Deus e a

Natureza preparam de antemão essas dádivas para que os homens as empreguem corretamente, e só o correto uso é a condição exigida para recebê-las". Saint Germain cruzou as mãos no peito e continuou:

"Deus Todo-Poderoso! Penetra tão firmemente no coração de Teus filhos que eles só anseiem por Ti; então, a nenhum faltará qualquer de Tuas grandes dádivas".

Lacrou tudo como tinha sido encontrado e voltamos para junto de meu corpo, no qual tornei a entrar rapidamente.

Deu-me, de novo, a taça de cristal cheia de substância vivificante e disse:

"Meu amado filho, sereis um auxiliar extremamente valioso, e que Deus vos abençoe sempre".

Com essa bênção, inclinou-se em reverência e desapareceu.

Capítulo VII
O VALE SECRETO

Algum tempo depois, certa manhã, recebi pelo correio uma estranha carta em que se me pedia que procurasse um determinado endereço em Tucson, Arizona. Deixava transparecer a idéia de que a informação que me deveria ser dada era de tal natureza, que só pessoalmente poderia ser explicada. Considerei o modo singular mediante o qual o pedido chegou até mim, sentindo, porém, um desejo interior de atender ao chamado.

Poucos dias depois, dirigi-me ao endereço dado, toquei a campainha e quase imediatamente a porta me foi aberta por um homem alto e esguio, de mais ou menos dois metros de altura, beirando os quarenta anos, cabelos cinza tom aço e olhos também cinzentos.

Dei-me a conhecer e ele me saudou com um aperto de mão sincero e cordial, o que revelou ser meu interlocutor, fora de dúvida, um temperamento leal e fidedigno. Seu olhar era firme e destemido, e ele dava a impressão de possuir grande reserva de energia.

Senti que havia nele uma harmonia interior fora do comum, e percebi que isso só poderia significar o início de uma profunda e grandiosa amizade. Ele também pareceu estar ciente de algo interior, que fazia surgir entre nós uma atração recíproca. Pediu-me que entrasse e me sentasse.

"Estais aqui a meu pedido", começou "e eu me confesso extremamente grato, por mais estranho que isso vos pareça. Vosso endereço me foi dado por alguém de quem falarei mais tarde. Como explicação, devo dizer-vos que fiz algumas notáveis descobertas, cuja veracidade peço que aceiteis em confiança, até que eu vos possa levar comigo e provar-vos sua autenticidade."

"Aconselharam-me a entrar diretamente em contato pessoal convosco, como sendo a única pessoa a quem deveria ser feita esta revelação com a qual ando preocupado. Como ponto de partida, terei que me reportar a fatos que ocorreram há vinte anos."

"Tinha eu, nessa época, uma linda esposa. Sei agora que ela era dotada de um grande desenvolvimento interno de que, então, não tinha eu percepção. Nasceu-nos um filho, a quem ambos idolatrávamos. Por cinco anos, a nossa felicidade foi completa. Subitamente, sem qualquer aviso ou razão aparente, a criança desapareceu."

"Procuramos incessantemente durante semanas a fio e fizemos o que era humanamente possível para encontrá-lo, mas tudo em vão. Finalmente, perdemos todas as esperanças. Minha esposa nunca se recuperou do choque e cinco meses mais tarde, faleceu."

"Nos últimos dias de sua vida, fez-me ela um estranho pedido: que seu corpo permanecesse sete dias na sepultura, depois de seu passamento, para ser, em seguida, cremado. Pareceu-me esquisito, porque nunca havíamos ventilado nada que dissesse respeito a esse assunto. Entretanto, aquiesci aos seus desejos."

"Imaginai minha surpresa quando, cinco dias depois do funeral, recebi um chamado do zelador do cemitério para dizer-me que encontrara, pela manhã, a sepultura aberta, tendo o corpo desaparecido. Não foi possível descobrir-se o menor indício de qualquer coisa que se relacionasse com essa estranha ocorrência."

"Dezesseis anos mais tarde, ao despertar pela manhã, encontrei no chão de meu quarto uma carta que me era endereçada, sem nenhum sinal de que tivesse passado pelo correio. Apanhei-a, abri-a e li seu conteúdo, que me deixou assombrado e incrédulo. Dizia:

"'Vossa esposa e vosso filho estão vivos, fortes e passam bem. Vê-los-eis em breve. Tende paciência até que chegue a ocasião. Regozijai-vos por saber que a morte não existe. Em tempo determinado, recebereis instruções sobre o modo de agir implicitamente. Tudo depende de vosso silêncio absoluto. Vereis e recebereis explicação completa de tudo o que parecia tão misterioso. Compreendereis, então, por que razão a verdade é mais estranha e mais espantosa do que a ficção, visto que a mais extraordinária ficção não é senão a reprodução de uma verdade que existe em algum ponto do Universo.

Um Amigo'."

"Meu amigo, podeis bem imaginar o meu assombro. A princípio, não acreditei em uma palavra sequer. Ao entardecer do terceiro dia, estava eu sentado junto à lareira quando ouvi a voz de minha amada esposa, tão clara e distintamente como se ela estivesse a meu lado, na sala, dizendo:

"'Roberto, meu amado! Estou viva e passo bem; nosso filho está comigo. Seremos muito felizes quando estiveres novamente conosco. Não desconfies da mensagem, ela é absolutamente verdadeira. Serás trazido até nós se não permitires que a dúvida te feche a porta. Falo-te pelo Raio Sonoro, que um dia hás de aprender a usar'."

Não pude suportar a tensão por mais tempo e disse:

"Aparece-me e acreditarei". Instantaneamente a voz replicou:

"'Espera um momento'. Dentro de três minutos, um brilhante raio de Luz dourada penetrou na sala, formando um túnel em cujo extremo oposto se achava minha bela esposa. Inegavelmente, era ela."

"'Querido', disse-me, 'milagres aparentes têm ocorrido em tua vida durante anos, mas por não ter sido tua atenção atraída para o rumo certo, tivemos que esperar até agora. Confia na mensagem que te chegará às mãos. Então, virás a nós, e eu te asseguro que um novo mundo se abrirá. Para o nosso grande amor, não há barreiras'."

"O raio de Luz desapareceu instantaneamente e com ele, a voz. Minha alegria não conheceu limites. Eu não mais podia duvidar. Senti um alívio, uma paz e um repouso que havia anos não experimentava. Sucederam-se, então, semanas de espera que, eu sei agora, consistiam numa preparação que se operava dentro de mim. Finalmente veio a mensagem por que eu tanto ansiava, e com ela, um diagrama e instruções a serem seguidas."

"Vi que estas me levariam às altas montanhas que ficam a sudeste de Tucson, Arizona. Preparei-me para partir imediatamente, dizendo aos meus amigos que ia fazer uma pequena prospecção. Provi-me de um cavalo e de um animal de carga, sentindo muito pouco desconforto e nenhuma dificuldade em observar as instruções recebidas. Se fosse possível seguir em linha reta, teria coberto a distância facilmente em dois dias."

"Antes do pôr do sol do terceiro dia, cheguei a um *canyon** encoberto, pelo qual teria passado sem perceber, não fosse o diagrama que possuía. Acabara de acampar quando escureceu de todo. Envolvi-me nas cobertas e logo adormeci suavemente, sonhando, com nitidez, que ao despertar, pela manhã, veria um jovem de pé, junto a mim, a me contemplar."

"Quando despertei, para meu assombro, lá estava o jovem, na vida real, a olhar-me atentamente. Saudou-me com um bonito sorriso, dizendo:

"'Meu amigo, esperava-o para me acompanhar'. Notei que ele havia preparado minha bagagem e, voltando-se sem adiantar uma palavra, dirigiu-se para o alto do *canyon*. Depois de quase

---
* Canyon – Vale ou garganta de paredes altas e verticais

uma hora de marcha, paramos em frente a um penhasco que parecia fechar o caminho diante de nós."

"Voltou-se o meu guia, colocou as mãos sobre a rocha fazendo pressão sobre ela. Uma seção da parede, de 3 metros, talvez, por 3,60 metros, afundou cerca de 30 centímetros e deslizou para um lado. Penetramos em um túnel que, há séculos, devia ter sido o leito de um curso d'água subterrânea. Meu companheiro fechou a entrada atrás de nós, e quando nos voltamos para prosseguir, uma suave claridade se espalhou por toda parte, de modo que podíamos enxergar distintamente. Eu me sentia assombrado com tudo o que via, mas não me esquecia da recomendação que recebera por ocasião das minhas instruções, isto é, 'guardar silêncio'."

"Continuamos pelo túnel adentro por mais de uma hora e chegamos, finalmente, a uma porta maciça de metal, que se abriu vagarosamente ao ser tocada pelo meu guia. Este se afastou para o lado e esperou-me passar. Avancei em meio à brilhante luz solar, quase sem respirar, deleitado com a beleza da cena que se estendia diante de mim: à nossa frente desdobrava-se um vale de insuperável beleza, com cerca de quarenta hectares de extensão."

"'Meu amigo', disse-me o jovem, 'regressastes ao lar depois de uma longa ausência, como haveis de compreender dentro em pouco'. Conduziu-me, então, a um lindo edifício, próximo ao sopé de um rochedo escarpado, no extremo superior do vale. À medida que nos aproximávamos, eu distinguia grande variedade de frutas e vegetais que ali cresciam em abundância, entre os quais laranjas, tâmaras, nozes inglesas e pecans*. Linda cachoeira jorrava de cima do penhasco, formando, na base, uma límpida lagoa. O edifício era maciço e parecia existir ali desde séculos."

"Já quase o alcançávamos, quando uma bela mulher de

---

* Fruto da nogueira-pecan.

branco apareceu na entrada. Aproximamo-nos e minha querida esposa achou-se diante de nós, mais bela do que nunca. Noutra ocasião eu a teria tomado nos braços, pois após todo o sofrimento por que tinha passado naqueles anos, revê-la estava quase além do que eu podia suportar. Ela virou-se, pondo o braço em redor do moço que me conduzia e disse:

"'Roberto, este é o nosso filho'."

"Filho! – foi tudo o que pude dizer, tão fortemente emocionado estava."

"Ele adiantou-se, pôs o braço em redor de nós e permanecemos os três, por um momento, invadidos por profundo amor e gratidão, felizes uma vez mais. De repente, lembrei-me de que eram passados 16 anos desde que ele desaparecera e que naquele momento devia ter vinte e um. Ele respondeu a meu pensamento, dizendo: 'Sim, pai, tenho vinte e um anos. Amanhã é dia de meu aniversário'."

"'Como pudeste ler meu pensamento?' – perguntei."

"'Oh! isso é uma coisa muito comum e fácil para nós. Será tudo muito natural e simples quando compreenderes como fazê-lo', replicou."

"'Vem', continuou, 'deves estar com fome. Arranjemos alguma coisa para comer'. Com os braços ao meu redor, entramos no velho edifício. O acabamento interior era em mármore rosa e ônix branco. Mostraram-me um belo aposento onde o sol da manhã inundava tudo com seu glorioso esplendor. Refresquei-me e encontrei um terno de flanela branca que ali havia sido colocado para mim. Experimentei-o e ajustava-se perfeitamente. Isso surpreendeu-me, mas lembrei-me de novo da recomendação 'guardar silêncio'. Fui para o pavimento inferior e apresentaram-me a um cavalheiro de aparência impressionante, mais ou menos da minha altura e que possuía olhos grandes, escuros e penetrantes."

"'Pai', disse meu filho, 'este é o nosso querido Mestre Eriel. Foi Ele quem salvou a minha vida e a de mamãe, e aperfeiçoounos durante todos esses anos, até que tu estivesses preparado para te reunires a nós, aqui. Foi Ele quem mandou a mensagem e instruções para vires, porque chegou a hora de começares teu aperfeiçoamento definitivo'."

"Entramos na sala de jantar, que era magnífica, e não pude deixar de expressar minha admiração. Ela estava situada no ângulo sudeste do edifício, no andar principal, e era invadida pela luz do Sol, de manhã e de tarde. As paredes eram de nogueira primorosamente entalhada, e o teto cintilante, marchetado entre os raios com motivos de desenho hexagonal. Uma sólida peça de nogueira, tendo no mínimo cinco centímetros de espessura, apoiava-se num pedestal esculpido e servia de mesa, parecendo ter milênios de idade. Tomávamos lugar em redor dela quando entrou um jovem esguio. Meu filho apresentou-o, dizendo:

"'Este é nosso irmão Fun Wey, que nosso Mestre trouxe da China quando era ainda criança, na ocasião em que sua vida ia ser arrebatada. Ele é de uma família chinesa muito antiga, e capaz de fazer muitas coisas maravilhosas. Sempre desejou servir-nos e somos privilegiados e felizes por chamá-lo 'Irmão'. É uma das naturezas mais joviais que tenho conhecido'."

"Entre as iguarias do almoço havia saborosos morangos, tâmaras deliciosas e bolos de nozes. Passamos para a ampla sala de estar e Mestre Eriel disse-me:

"'Na ocasião em que vossa querida esposa, que é vosso Raio Gêmeo, devia ter expirado, vi uma oportunidade de dar-lhe certa assistência, que deveria habilitá-la a alcançar o estado Ascensionado e ter, assim, muito maior liberdade e mais ampla capacidade para servir. Tive o grande privilégio e a alegria de prestar-lhe essa assistência."

"'Abri o esquife, restituí-lhe a ação consciente – e tornei-a capaz de levantar o corpo. Este já tinha alcançado um ponto de alta rarefação, porque seu desejo de Luz era muito grande. Sua intensa devoção era um desejo veemente de Luz, o que tornou possível sua Ascensão. Expliquei isso a ela no dia em que pensastes ter ela morrido'."

"'Vós três fostes meus filhos em outra encarnação, há muito tempo. Então, um grande amor teve origem e perdurou através dos séculos. O profundo amor dela tornou possível a assistência e a elevação que se operou nessa ocasião'."

"'Vosso filho, que fora raptado para obtenção de resgate, foi trazido para este *canyon*. Os dois raptores começaram a discutir e um deles planejou tirar a vida da criança'."

"'Surgi diante deles e arrebatei o menino. Eles ficaram paralisados pelo próprio terror e nunca mais se recuperaram: ambos faleceram poucas semanas mais tarde. Se alguém deliberadamente tira a vida de um ser humano, ou resolve mentalmente tirá-la, lança uma causa em movimento que seguramente lhe arrebatará a própria vida'."

"'Um sentimento ou desejo da morte de outrem fará a mesma coisa, porque ele se dirige para a pessoa visada e depois começa a viagem de retorno para quem o enviou. Muitas vezes pessoas emitem ressentimentos diante de uma injustiça praticada, num desejo intenso de livrar o mundo de um certo indivíduo. Isso é uma forma sutil de pensamento de morte, que deve voltar para quem o emitiu'."

"'Inúmeras pessoas causam a sua própria destruição por essa sutilíssima atividade da personalidade humana, pois ninguém escapa jamais a essa Lei imutável. Há muitas fases de Sua reação, e é porque a humanidade tolera tais pensamentos e sentimentos que a raça, como um todo, vem experimentando a dissolução dos corpos, um após o outro'."

"'O número de seres humanos que perecem por violência física é infinitesimal quando comparado às mortes produzidas por essas sutis atividades do pensamento, do sentimento e da palavra falada. A raça humana vem se aniquilando há milênios por esse modo sutil, porque não quer aprender a Lei da Vida e obedecê-la'."

"'Há unicamente uma Lei de Vida, e essa é o Amor. O indivíduo pensante e autoconsciente que não quer obedecer e não obedece a esse decreto eterno e beneficente, não pode conservar e não conservará o corpo físico, porque tudo aquilo que não é Amor desintegra a forma, não obstante seja o agente de decomposição o pensamento, a palavra, o sentimento ou o ato – intencional ou não – pois a Lei age **indiferentemente**. Pensamentos, sentimentos, palavras e atos constituem, de per si, uma certa força animada e eternamente em movimento dentro de sua própria órbita'."

"'Se o homem soubesse que não cessa de criar por um momento sequer, perceberia que, através da Presença de Deus dentro de si, poderia purificar suas criações maléficas e ficar livre, assim, de suas próprias limitações. Ele tece um casulo de discórdia ao seu redor e passa a dormir dentro dele, esquecendo-se, no mínimo por algum tempo, de que, se pode construir esse casulo, também pode rompê-lo. Usando as asas de sua alma – adoração e determinação – ele pode transpor as trevas de sua própria criação. Passará, então, a viver uma vez mais no centro de seu ser, na Luz e na Liberdade de seu Deus Interno'."

"'Entretanto, na vossa atividade e na de vossa amada família, direi melhor, de minha amada família, a nuvem que parecia conter tanta tristeza mostra, nesta hora, o reverso e revela sua gloriosa e dourada fímbria. Viestes agora para dentro do esplendor irradiante da Luz, do qual nunca mais saireis'."

"'Na maioria das vezes, os seres humanos, ignorando as maravilhosas coisas que são planejadas para eles, impedem – inconscientemente – a aproximação desse bem maior. Fostes convidado a vir aqui não só para vos reunirdes aos que vos são caros, como também para receber instruções definitivas sobre a existência, o uso e a direção do poder imenso de Deus latente em vosso interior. Quando perceberdes como libertá-lo e governá-lo, tudo vos será possível'."

"'Vossos entes queridos usaram a Luz e os Raios Sonoros para estabelecer comunicação convosco. Esse conhecimento e o poder que dele decorre ser-vos-á explicado, e então sereis também capaz de empregá-los conscientemente e à vontade. Sois dotado de uma grande sensibilidade, e quando essa característica é governada intencionalmente, sobrevém uma consciência do imenso poder de Deus, que está pronto para ser liberado a qualquer instante'."

"'Deveis permanecer aqui durante seis semanas, em treinamento, para depois voltar ao mundo exterior, a fim de usar os ensinamentos que recebestes. Voltai a qualquer tempo, porque sois agora um dos nossos'."

"Jamais poderei exprimir por meio de palavras o que essas seis semanas significaram para mim. Tornar-me ciente de minha própria habilidade em aplicar a instrução recebida e fazer uso de tal sabedoria era coisa que me assombrava. Dentro de pouco tempo comecei a adquirir confiança em mim mesmo, o que tornou tudo muito mais fácil. O que parece tão misterioso e fora do comum para os humanos, achei natural e normal para essa estupenda Presença Interna."

"Tive que admitir que eu era **realmente** filho de Deus. Como filho da Fonte de todo o Bem, a ilimitada Energia-Sabedoria obedecia à minha direção consciente e quando eu a dirigia, como faz um Mestre, obtinha resultados imediatos. À proporção que eu ganhava confiança em minha própria capacidade no emprego da Grande Lei, os resultados, naturalmente, tornavam-se cada vez mais rápidos. Ainda estou maravilhado pela perene Fonte de Amor e Sabedoria que fluía desse grande Mestre. Nós o amamos com profunda devoção, maior do que qualquer outro amor que jamais possa existir entre pai e filho, porque o laço de amor formado pela doação de compreensão espiritual é eterno e muito mais profundo do que qualquer amor gerado através da experiência humana, por mais belo e forte que possa ser. Ele sempre nos dizia:

"'Se vos transformardes numa eterna fonte de Amor Divino, derramando-o onde quer que vá vosso pensamento e sentimento, tornar-vos-eis um poderoso magneto de todo o Bem, e tereis de pedir auxílio para distribuí-lo. A paz e a serenidade do Espírito liberam uma força que obriga a mente externa à obediência. Isso deve ser **exigido** com autoridade. Nosso lar, aqui neste Vale Secreto, vem sendo ocupado há mais de quatro mil anos'."

"Um dia, depois de fazer um notável discurso sobre a posse legítima de Deus, olhou fixamente para mim e sugeriu que fizéssemos um passeio. Conduziu-me para um ponto do vale, oposto ao lado pelo qual havíamos entrado. Perto da parede sul e correndo paralelamente a ela, de leste para oeste, havia uma lombada começando no chão, elevando-se a dois metros de altura, prolongando-se por cerca de 600 metros de extensão e descendo até o chão novamente. Chegando mais perto, notei que havia um veio de quartzo branco. Mestre Eriel chegou até onde o veio tocava o solo e empurrou um pedaço frouxo com o pé. Vi que era imensamente rico em ouro. Meu amor humano pelo ouro tentou encapelar-se, mas a Presença Interior instantaneamente refreou-o. Com um sorriso, o Mestre observou:

'Muito bem. Agora, tenho trabalho a realizar na Europa e devo deixar-vos por enquanto'."

"Sorriu e desapareceu imediatamente. Era a primeira vez que Ele demonstrava o completo Domínio que possuía e as coisas que era capaz de fazer dessa maneira. No mesmo momento, meu filho tornou-se visível, exatamente no lugar que Eriel havia deixado naquele instante, e riu gostosamente de minha surpresa."

"'Mamãe e eu', disse, 'podemos levar nossos corpos aonde quer que desejemos por esse mesmo processo. Não fiques surpreendido. É uma Lei Natural e só parece estranha e fora do comum porque ainda não a estás empregando. Na realidade, ela não é mais extraordinária do que teria sido o telefone para os povos da Idade Média. Se eles tivessem conhecido a lei de sua construção, poderiam, então, tê-lo usado igualmente como nós neste século'."

"Desde essa visita à minha família, no Vale Secreto, já lá estive sete vezes. Da última vez que voltei ao mundo externo, o Mestre deu-me vosso endereço, o que explica meu pedido para virdes aqui. O convite é extensivo a que regresseis comigo."

Meu anfitrião percebeu, de repente, que estivera falando por várias horas e pediu desculpas por haver abusado de minha paciência. Respondi-lhe que as experiências relatadas eram tão fascinantes, e eu estivera tão intensamente interessado, que o tempo deixou de existir, tão absorto me encontrava. Aceitei profundamente grato o convite de Mestre Eriel para visitá-los, o que declarei francamente. Momentos depois, chegava ao aposento um jovem de estatura elevada.

"Apresento-vos nosso irmão Fun Wey", disse meu anfitrião, introduzindo-o, e ele, no mais perfeito inglês, respondeu:

Meu irmão do Coração de Luz viajou muito. Meu coração palpita de êxtase e alegria. Minha alma sente vossa serenidade e irradiação. Dirigindo-se ao meu anfitrião, continuou:

"Sabendo que estáveis ocupado, vim aqui para vos servir."

"Será grande prazer para nós ter-vos por companhia à nossa mesa", disse meu amigo, dirigindo-se a mim – e juntos passamos à sala de jantar. Nossa refeição foi deliciosa e quando terminamos, meu amigo reatou o fio da conversa para descrever muitas de suas experiências pessoais com Eriel. Elas eram realmente notáveis, isto é, falando apenas do lado humano de nossa percepção, pois do ponto de vista de nossa Divindade, tudo era e é supremamente natural.

De repente, um raio de Luz, ou melhor, um tubo de Luz penetrou na sala, e pelo que deduzi da conversação, era o Raio Gêmeo de meu amigo, falando. Num dado momento, o Raio dirigiu-se a mim. Disse o meu anfitrião:

"Querida, deixa-me apresentar-te o irmão a quem nosso Mestre Eriel pediu que eu encontrasse".

Eu vi seu Raio Gêmeo e ouvi-a tão claramente como se ela estivesse ao nosso lado, na sala. Esse meio de comunicação constitui uma experiência extremamente feliz, e é possível condensar tanto a luz a ponto de formar um tubo no qual o som e a visão podem ser transportados. Era tão real como um holofote.

Meu anfitrião insistiu comigo para que permanecesse em sua casa até o dia de nossa partida para as montanhas. Partimos antes do raiar do sétimo dia após nosso encontro, e foi uma das mais memoráveis experiências de minha vida até então. Tudo o que ele me contou provou ser verdade nos mínimos detalhes.

Nossa chegada ao Vale Secreto foi um acontecimento cheio de alegria, e muito grande foi a nossa felicidade. Encontrei-me com o Raio Gêmeo de meu amigo e seu filho; mostraram-me então o antigo edifício onde tantos estudantes haviam recebido o verdadeiro conhecimento das Leis do Ser, e atingido a Liberdade Eterna.

Experimentei uma sensação maravilhosa ao permanecer no lugar onde o grande poder de Deus se concentrava por tantos séculos, e do qual os Mestres Ascensionados haviam feito retiro para alguns de seus trabalhos. Sentei-me, meditando nas bênçãos que haviam recebido os estudantes privilegiados por terem tido acesso àquele lugar, quando Mestre Eriel se dirigiu a mim:

"'Meu filho', começou, 'estais perto de vossa maravilhosa libertação. Apegai-vos à contínua aceitação da Presença-Mestra que em vós habita, e tereis justo motivo para grande regozijo'". Estendeu a mão direita e o véu entre o visível e o invisível foi afastado. Continuou:

"'Desejo que possais ver como Nós, que somos Ascensionados, a sublime e majestosa atividade de Nosso mundo. Aqui, continuamente prestamos testemunho, como filhos de Deus, porque não existe mais dúvida, temor ou imperfeição dentro de Nós'."

Nunca me esquecerei da alegria e do privilégio que tive, durante os dias que passei com aquele maravilhoso povo.

"'Todos os dias', disse Eriel, 'assistireis ao emprego da Luz e dos Raios Sonoros que anulam o tempo e o espaço, que a humanidade está destinada a usar, em futuro próximo, tão naturalmente como usa agora o telefone. Esta é uma das mais estupendas atividades que o indivíduo pode aprender a dirigir. Um raio de luz pode ser dirigido e controlado de tal modo que pode ser usado como um lápis, para escrever sobre o metal ou no céu, e o que é escrito permanece visível por tanto tempo quanto o deseja aquele que escreve'."

"'Quando o estudante é bastante forte para se opor à opinião do mundo da ignorância, então ele ou ela está preparado para prestar testemunho das maravilhas das atividades de Deus, manifestadas pelos Mestres Ascensionados.'"

"'Até que possa fazer isso, o poder da sugestão e a irradiação de dúvida de outros perturbá-lo-ão intermitentemente, a tal ponto que muitas vezes abandonará a busca da Verdade. Interrupção do fluxo contínuo de instrução representa discórdia. Discórdia é a cunha e a maneira sutil pela qual a força sinistra desta Terra penetra na atividade externa de um estudante que se tenha resolvido a viver a Luz.'"

"Tal atividade é extremamente sutil, porque é um sentimento que se insinua no discípulo, antes que ele possa realmente perceber sua existência. É incrivelmente persistente e seu crescimento é tão insidioso que ele não chega a compreender o que se passou, até que o *momentum* já esteja a caminho.

"'Esse sentimento começa como uma pequena dúvida. Uma dúvida precisa apenas ser sentida duas ou três vezes para transformar-se em desconfiança. A desconfiança gira uma ou duas vezes no corpo emocional e se transforma em suspeita, e suspeita é autodestruição.'"

"'Lembrai-vos disso, meu filho, quando voltardes para o mundo externo, e achareis nessa lição uma salvaguarda que vos conduzirá através de todas as experiências da vida, mantendo-vos insensível à discórdia. Se alguém emite suspeita, será, também, suspeitado, porque cada qual tem, no seu mundo, exatamente aquilo que nele pôs, e esse decreto irrevogável e eterno existe por toda parte no Universo. Todos os impulsos da consciência fazem viagem de volta ao ponto central que as enviou. **Nem mesmo um átomo escapa!**'"

"'O verdadeiro estudante da Luz contempla-A, manda-A adiante de si, vê Sua envolvente irradiação onde quer que se mova e adora-A constantemente. Supera a dúvida, o temor, a suspeita e a ignorância da mente humana, e conhece somente a Luz. Essa é sua Fonte – seu verdadeiro Eu'".

Com essas palavras de despedida, Eriel disse-me adeus, e eu voltei para a rotina diária de minha vida externa.

Capítulo VIII

O PODER ONIPRESENTE DE DEUS

No dia seguinte, recebi um comunicado mediante o qual empenhei-me numa transação que exigia toda a minha atenção e meu tempo. A simples antecipação desse negócio proporcionou-me grande alegria, e ingressei nele com muito entusiasmo. Sobreveio uma sensação agradável e animadora, coisa que até então eu não conhecera em minha prática de negócios.

No curso da referida transação, entrei em estreito contato pessoal com um homem de caráter extremamente dominador. Sua atitude em negócios consistia em realizar seu desejo à força, caso falhasse a cilada ou encontrasse oposição aos seus desígnios.

Ele confiava unicamente no poder de seu próprio intelecto e de sua vontade humana, e nunca conheceu nem teve fé em qualquer outra coisa. Nunca hesitou em esmagar ou arruinar pessoas ou coisas que se achassem no trajeto de seu sucesso, e empregava todos os meios para atingir seus fins egoístas.

Eu me encontrara com ele três anos antes de se realizar a experiência que vou relatar, e nessa ocasião, sentia-me quase desarmado em sua presença, tão poderoso era o sentimento de domínio que continuamente emitia. Percebi, apesar de tudo, que seu controle sobre os outros consistia apenas em força focalizada dentro da atividade externa. Experimentei certa perturbação quando compreendi que teria de entrar em sociedade com ele. Imediatamente procurei um modo de tratá-lo, aplicando a Lei de Deus, quando a Voz Interna disse-me claramente:

"Por que não deixar o poderoso Deus Interior tomar conta por completo e manobrar esta situação? Esse Poder Interno não conhece dominação e é sempre invencível".

Fiquei imensamente grato e entreguei tudo por completo à Sua direção. Encontrei o indivíduo em questão com dois outros e concordei em ir com eles inspecionar uma mina num Estado distante. Senti que se tratava de uma mina muito valiosa, cuja proprietária era uma senhora idosa que perdera seu bom marido em conseqüência de um acidente ocorrido nela alguns meses antes.

Ele havia deixado seus negócios em condições precárias, e nosso prepotente amigo resolvera comprar a mina ao seu próprio preço – que não era honesto. Depois de uma longa viagem de automóvel, chegamos ao nosso destino cerca de duas horas do dia seguinte. Encontramos a proprietária que, percebi, era uma alma abençoada – leal e honrada.

Imediatamente deliberei firmemente que ela haveria de fazer uma transação honesta e receber o justo valor da propriedade. Convidou-nos para uma agradável refeição, finda a qual prosseguimos para examinar a mina. Percorremos obras, túneis, galerias, poços e câmaras de mineração. Quanto mais eu observava, mais certeza tinha de que alguma coisa estava errada. A própria atmosfera parecia insuflar em mim essa convicção.

Eu estava persuadido de que um rico veio de minério de ouro fora descoberto, sem que a proprietária tivesse sido informada. Sentia, de qualquer modo, que o comprador colocara secretamente um dos operários sob a responsabilidade de vigiar tal atividade, e que este, durante as semanas de vigília, captara a confiança do superintendente. Percebi, intimamente, que o superintendente era um bom homem, mas que ainda não tinha despertado – espiritualmente falando.

Enquanto permanecíamos em palestra com ele, meu Deus Interno revelou-me integralmente o que ocorrera: algum tempo antes, quando esses dois indivíduos estavam inspecionando o trabalho, chegaram a um lugar onde as perfurações haviam rompido a parede de um túnel que conduzia diretamente ao coração da montanha. A dinamite produzira uma ruptura que atingiu riquíssimo veio de quartzo aurífero. O superintendente estava a ponto de sair precipitadamente para dar notícia à proprietária, quando o operário espião observou-lhe:

"Espera! Eu conheço o homem que vai comprar esta mina. Se desejas continuar em tua posição atual, não menciones esta descoberta. Providenciarei para que não só permaneças aqui, como superintendente, mas também para que te dêem cinco mil dólares pelo teu silêncio. A velha receberá o bastante para sua manutenção". O superintendente, temendo perder o emprego, concordou.

Em nosso exame da mina, chegamos ao fim do túnel principal; senti fortemente que era esse o lugar do rico veio de ouro. Tinha sido habilmente encoberto e disfarçado, como se fora uma formação solta, onde era perigoso trabalhar. Isso foi o que disseram à proprietária. Enquanto eu permanecia nesse lugar, falando com os outros, minha visão interna foi aberta e vi tudo o que acontecera – a rica descoberta de minério de ouro, a camuflagem do veio aurífero, a oferta ao superintendente e sua aceitação. Senti-me grato pelo que os meus sentidos internos verificavam, mas sabia que devia esperar. Voltamos para a residência da proprietária e as negociações começaram. O comprador abriu a questão, dizendo:

"Senhora Atherton, quanto espera obter por essa propriedade"?

"Avaliei-a em duzentos e cinqüenta mil dólares", respondeu ela, cortês e gentilmente.

"Absurdo"! bradou ele. "Um disparate! Ridículo! Não vale a

metade dessa quantia". Continuou nesse tom de voz por alguns momentos, trovejando, como era seu costume. Anteriormente, isso produzira efeito muitas vezes, e ele seguia ainda a antiga linha de conduta. Discutiu, esbravejou e acabou dizendo:

"Senhora Atherton, a senhora está numa situação em que tem necessidade de vender; serei generoso e lhe darei cento e cinqüenta mil dólares".

"Levarei em consideração sua oferta", replicou ela, tão amedrontada estava por sua atitude de domínio e arrogância, a ponto de começar a aceitar suas idéias e ceder ao seu ousado cinismo. Ele percebeu-lhe a hesitação e imediatamente começou a forçar a situação.

"Não posso esperar", prosseguiu, "meu tempo é valioso. A senhora deve decidir-se logo ou o negócio será cancelado".

Sacou do bolso os papéis e colocou-os sobre a mesa. A Senhora Atherton olhou em volta, sentindo-se desamparada; sacudi a cabeça dizendo "não" para ela, mas ela não me viu. O contrato estava exposto. Atravessou a sala e sentou-se numa cadeira, junto à mesa, preparando-se para assiná-lo. Eu sabia que, para protegê-la, deveria agir imediatamente e indo até o lugar onde ela se encontrava sentada, dirigi a palavra ao nosso prepotente amigo, dizendo:

"Apenas um momento: pagareis a esta prezada senhora o valor exato de sua mina, ou então não a tereis". Ele voltou seu furor contra mim com injúrias muito causticantes, ensaiando a tática costumeira.

"Só quero saber quem vai me impedir de obter a mina ao meu preço", replicou. Senti uma onda da poderosa força de Deus Interior sair como uma avalanche, mantendo-me impassível ao seu ímpeto de vingança e respondi:

"Deus o impedirá".

Diante dessa resposta, ele estalou uma gargalhada. Continuou portando-se mal, tumultuosa, cínica e afrontosamente. Esperei com toda a calma.

"Idiota", recomeçou, num arrebatamento de furor, "deixe de tagarelar sobre Deus. Nem você nem Deus nem coisa alguma podem me deter. Obtenho o que desejo sem dar satisfação. Até agora ninguém me impediu isso".

Sua arrogância parecia não ter limites e ele se revelou, em corpo e alma, vítima de suas emoções. Sua razão era incapaz de manifestar-se – como acontece sempre sob a ação de qualquer sentimento desgovernado – do contrário, ela tê-lo-ia advertido para que não continuasse com seus insultos.

Senti de novo a expansão do poder de Deus. Nessa ocasião foi-se tornando cada vez mais forte, até que, num tom de clarim, a poderosa voz de meu Deus Interno revelou a verdade sobre toda a transação e a fraude na mina.

"Senhora Atherton", disse eu, "a senhora está sendo vítima de uma grande falcatrua. Seus operários descobriram um rico filão de ouro. Este homem tinha, entre eles, um espião que subornou o superintendente, a fim de que este silenciasse a respeito."

O superintendente e os outros que se encontravam na sala ficaram pálidos e sem voz, à medida que meu Eu Interior continuava a expor sua traição. O pretenso comprador parecia sempre o mesmo em qualquer emergência e, interrompendo-me, bradou com cólera selvagem:

"Você mente! Far-lhe-ei saltar os miolos por tal interferência". Levantou, então, sua bengala de aço e quando alcei a mão para segurá-la, uma Chama Branca lançou-se subitamente, flamejando em cheio sobre sua face. Ele caiu no chão como que atingido por um raio. Então, meu poderoso Deus Interno falou de novo com toda a autoridade da eternidade – majestoso, imperioso:

"Que ninguém se mova nesta sala sem a devida permissão"! Meu eu externo – não mais eu, mas Deus em Ação – encaminhou-se para onde jazia o homem e continuou:

"Grande Alma neste homem, é a Ti que eu me dirijo!

Por tempo demasiadamente longo tens estado prisioneira de seu dominador eu pessoal. Manifesta-Te agora! Assume a direção de sua mente e de seu corpo! Corrige as inúmeras decepções que ele tem causado na vida presente. Dentro de uma hora, esta forte criação humana exterior de discórdia e injustiça que ele construiu será consumida, e nunca mais há de enganar ou dominar humanamente um outro filho de Deus. Ao eu externo, ordeno: Desperta! Segue em paz, amor, longanimidade, generosidade e boa vontade para tudo aquilo que vive".

Lentamente, a cor começou a voltar à face do homem e ele abriu os olhos, cheio de espanto. Deus em mim – agindo ainda, tomou-o gentilmente pela mão e, colocando o braço sob seu ombro, ajudou-o a sentar-se numa ampla e confortável cadeira. Novamente Ele comandou:

"Meu irmão, olhai para mim"! Quando ele levantou seus olhos para os meus, um tremor passou-lhe pelo corpo e com voz apenas audível, disse: "Sim, eu vi. Compreendo como tenho andado errado. Deus me perdoe". Deixou cair a cabeça entre as mãos e escondeu o rosto, silencioso e envergonhado. Lágrimas começaram a pingar através de seus dedos, e ele chorou como uma criança.

"Pagareis a esta prezada senhora um milhão de dólares", continuou meu Deus Interior, "e lhe dareis também um interesse de dez por cento na mina, porque no veio recentemente encontrado há, no mínimo, dez milhões em minério de ouro". Com profunda humildade e uma estranha doçura, ele respondeu:

"Que isso seja feito agora". Dessa vez pediu aos seus homens, em vez de ordenar-lhes, como de hábito, que preparassem os papéis nessa conformidade. A Senhora Atherton e ele assinaram, completando a transação.

Voltei-me para os outros que se encontravam na sala e percebi, pela expressão de suas fisionomias, que todos tinham sido tão exaltados em suas consciências, que tinham podido ver além do véu humano, dizendo cada qual, por sua vez:

"Nunca mais, com a ajuda de Deus, tentarei enganar ou prejudicar meu próximo". Eles tinham sido levados a reconhecer e aceitar plenamente o Eu Divino dentro de cada um.

Era tarde da noite quando tiveram lugar essas ocorrências. A Senhora Atherton fez-nos um convite cordial para que permanecêssemos como seus hóspedes durante a noite, e a acompanhássemos na manhã seguinte a Phoenix, para ser feito o registro dos papéis referentes à venda. Nessa mesma noite, depois da ceia, reunimo-nos numa confortável sala de estar, diante de uma grande lareira aberta. Todos procuravam sinceramente compreender melhor as Grandes Leis Cósmicas da Vida.

Perguntaram-me como eu me iniciara nessa espécie de conhecimento; falei-lhes do Mestre Saint Germain e do meio pelo qual O encontrara. Contei-lhes algumas de minhas experiências no monte Shasta e o que Ele dissera no curso de nossa conversação a respeito da Grande Lei Cósmica:

"Meu Filho, a Grande Lei Cósmica não discrimina mais do que o faz a tábua de multiplicação, se alguém comete erro ao aplicá-la; ou a eletricidade, quando alguém, ignorando a lei que lhe governa o emprego, tenta dirigir-lhe a força sem conhecer o modo de controlá-la."

"Os Grandes Decretos Imutáveis, que por todo o sempre mantêm a ordem no Reino Infinito da Vida manifestada, baseiam-se todos no Grande Princípio Uno da Criação – Amor. Isso é o coração – a fonte de tudo, e o verdadeiro Centro em torno do qual se realiza a existência no mundo da forma.

"Amor é harmonia e sem ele, uma forma incipiente não poderia vir à existência de modo algum. Amor é o poder coesivo do Universo e sem ele um Universo não pode existir.

"Em vosso mundo científico, o Amor se expressa como força de atração entre os elétrons. É a Inteligência Diretriz que os compele para a forma, enquanto o Poder – sob a forma de Alento – conserva-os girando em torno do núcleo central, que os atrai. A mesma coisa é verdadeira para todo e qualquer vórtice de força, em toda parte da Criação.

"Um núcleo central e os elétrons girando-lhe em torno formam um átomo. Esse núcleo de Amor está para o átomo como o pólo magnético para a Terra, e a espinha dorsal para o corpo humano. Sem um núcleo central ou Centro do coração, só há Luz Universal informe – os elétrons que enchem o Infinito e giram em volta do Grande Sol Central.

"O elétron é Espírito puro ou Luz de Deus. Ele permanece para sempre incontaminado e perfeito. É eternamente auto-sustentado, indestrutível, autoluminoso e inteligente. Se não o fosse, não poderia obedecer e nem obedeceria à Lei – atividade dirigente do Amor. Ele é imortal, inteligente Luz-Energia sempre pura, a única real e legítima Substância da qual tudo é feito no Universo – a eternamente perfeita Vida-Essência de Deus.

"O espaço interestelar é preenchido por essa pura Essência-Luz. Não é escuro nem caótico, como o tem concebido o ignorante e limitado intelecto humano. Esse grande oceano de Luz Universal que existe por toda parte, por toda a Infinidade, é constantemente trazido à forma e recebe essa ou aquela qualidade, de acordo com o modo pelo qual o Amor mantém os elétrons em torno de um ponto central ou núcleo.

"O número de elétrons que se combinam uns aos outros, num átomo específico, é determinado pelo pensamento consciente. A intensidade com que eles giram em volta do núcleo central é determinada pelo sentimento. A intensidade do deslocamento e movimento giratório, dentro do núcleo central, é o Alento de Deus e, portanto, a mais concentrada atividade do Amor Divino. Falando em termos científicos, seria denominado 'força centrípeta'. São esses os fatores determinantes da qualidade de um átomo."

"Desse modo, vereis o átomo como uma entidade – **uma**

coisa viva que respira – trazida à existência pelo Alento, o Amor de Deus, através da vontade da Inteligência Autoconsciente. Dessa maneira, '*o verbo se fez carne*'. Pensamento e sentimento constituem o mecanismo que a Inteligência Autoconsciente emprega para realizar essa manifestação de seu Ser.

"O pensamento destrutivo e o sentimento discordante alteram de tal modo a proporção e o grau de velocidade dos elétrons, no interior do átomo, que a duração do Alento de Deus dentro do pólo é mudada. A duração do Alento é decretada pela vontade da Consciência que usa essa particular espécie de átomo. Quando essa Vontade Diretriz Consciente é retirada, os elétrons perdem sua polaridade e se dispersam, procurando seu caminho de volta – **inteligentemente**, notai bem – para o Grande Sol Central, e repolarizando-se. Ali recebem somente Amor, pois o Alento de Deus é interminável – e a Ordem, que é a Primeira Lei, é eternamente mantida."

"Alguns cientistas têm sustentado e ensinado que os planetas colidem no espaço. Tal coisa é impossível. Para isso acontecer, teria que ser arremessado ao caos todo o Plano da Criação. Felizmente as poderosas leis de Deus não estão subordinadas às opiniões de alguns dos filhos da Terra. Pensem o que pensarem os cientistas terrenos, a Criação de Deus está sempre se movendo para diante e expressando Perfeição cada vez maior."

"O pensamento construtivo e o sentimento harmonioso, dentro da mente e do corpo humano, são as atividades do Amor e da Ordem. Estes permitem que a perfeita proporção e velocidade dos elétrons mantenham-se permanentes dentro do átomo. Eles buscarão o seu caminho inteligentemente até o Grande Sol Central, para repolarizar-se, sempre que houver dispersão e perda de polaridade, mas não o farão enquanto for mantida a duração do Alento de Deus dentro de seu núcleo – pela vontade da Inteligência Diretora Autoconsciente que utiliza o corpo no qual eles existem. Desse modo, a qualidade de Perfeição e a manutenção da vida num corpo humano estão **sempre** sob o controle consciente da vontade do indivíduo que o ocupa. A vontade do indivíduo é **suprema** com relação ao seu templo e, mesmo em caso de acidente, ninguém deixa seu corpo-templo enquanto não o desejar. Muitas vezes os padecimentos do corpo, o medo, a incerteza e muitas outras coisas influenciam a personalidade para mudar decisões tomadas no passado, mas tudo o que acontece ao corpo está e estará sempre sob o controle da livre vontade individual."

"Para compreender a explicação acima, concernente ao elétron e ao controle consciente que o indivíduo tem para governar a estrutura atômica do próprio corpo através do seu pensamento e sentimento, ele deve considerar o Princípio Uno que governa a forma por toda a Imensidade. Quando o homem fizer o esforço necessário para provar isso a si mesmo, ou dentro de seu próprio corpo atômico de carne, então tratará de se dominar. Quando tiver feito isso, tudo no Universo será seu cooperador voluntário, para realizar o que desejar através do Amor."

"Todo aquele que se faz voluntariamente obediente à Lei do Amor tem a Perfeição em sua mente e em seu mundo permanentemente mantida. A ele, e só a ele pertence toda autoridade e Mestria. Só ele tem o direito de ordenar, porque aprendeu primeiro a obedecer. Quando tiver conseguido a obediência da estrutura atômica dentro de sua própria mente e corpo, toda a estrutura atômica fora de sua mente e de seu corpo também lhe obedecerá."

"Assim, a humanidade, através do pensamento e do sentimento, tem o poder – cada indivíduo dentro de si mesmo – de se elevar à maior altura ou submergir na maior profundeza. Cada um, por si só, determina seu próprio caminho de experiência. Pelo controle consciente de sua atenção quanto àquilo que permite à própria mente aceitar, pode andar e falar com Deus – face a face – ou, desviando-se de Deus, tornar-se inferior aos animais, mergulhando sua consciência humana no mais profundo esquecimento. Neste último caso, a Chama de Deus dentro dele retira-se de sua habitação humana. Depois de éons de tempo, ela tenta de novo uma jornada humana no mundo da matéria física, até que a vitória final seja alcançada conscientemente e pela livre vontade do indivíduo."

Falei-lhes das possibilidades ilimitadas que, como Saint Germain me mostrara, estão perante a humanidade sempre que houver aceitação voluntária da Grande Presença Divina dentro de cada indivíduo, como Força Diretriz e Realizadora. Perguntou-me o comprador da mina por que usava eu tantas vezes a palavra "aceitação", e eu relembrei as palavras que Saint Germain empregara para explicá-la a mim, dizendo:

"Mesmo na atividade externa de vossa vida, se comprardes alguma coisa e não a usardes, ou se algo maravilhoso e perfeito vos oferecerem e não o aceitardes, ser-vos-á impossível tirar daí algum proveito. Assim acontece com a Grande Presença de Deus dentro de nós. A menos que reconheçamos que nossa vida é a Vida de Deus – e que todo poder e energia de que dispomos para fazer o que quer que seja é poder de Deus e energia de Deus – como poderemos ter qualidades de Deus e realizações em nosso mundo?"

"Como filhos de Deus, somos autorizados a escolher a quem serviremos: se à poderosa Presença de Deus dentro de nós ou à personalidade humana exterior. A satisfação dos apetites humanos exteriores e das exigências dos sentidos tem, como único resultado, miséria e destruição.

"Todo desejo construtivo é, realmente, o próprio Deus Interior impulsionando a Perfeição a manifestar-se, para uso e proveito do eu externo. A Grande Energia de Vida está fluindo através de nós constantemente. Se a dirigirmos para realizações construtivas, Ela nos trará alegria e felicidade. Se a dirigirmos para a satisfação dos sentidos, não pode haver senão miséria como resultado, porque é tudo ação da Lei – uma Vida-Energia Impessoal."

"Conservai em vossa mente, diante da atividade externa, a lembrança constante de que sois Vida – Deus em Ação em vós mesmos e em vosso mundo. O eu pessoal está constantemente clamando pela posse de bens materiais e poder, quando a própria energia mediante a qual ele existe lhe é cedida pelo seu Deus Interno. O ser externo não possui nem mesmo a própria pele. Até os átomos de seu corpo lhe são emprestados pela suprema Presença de Deus, do grande oceano de Substância Universal."

"Exercitai-vos em fazer voltar todo o poder e autoridade para a 'grande e gloriosa Chama Divina', que é vosso Eu Real e a Fonte da qual tendes recebido sempre tudo o que é bom".

Conversamos até as duas horas da manhã, quando sugeri que nos recolhêssemos. Ninguém queria dormir, mas eu lhes disse:

"Dormireis nos braços de Deus". E na manhã seguinte mostraram-se surpresos por terem conseguido dormir tão rapidamente.

Levantamos às sete horas e nos dirigimos para Phoenix. O registro foi concluído e expliquei-lhes que devia deixá-los, pois meu trabalho entre eles tinha terminado, por enquanto. Mostraram-se todos profundamente gratos e ansiosos por saber mais. Prometi manter-me em contato com eles e lhes proporcionar mais auxílio, de acordo com as instruções do Mestre Saint Germain. Na ocasião de minha saída, o comprador da mina virou-se para mim, dizendo:

"Não me importo com o que pensem de mim; desejo abraçar-vos e agradecer-vos do fundo do coração, por me terdes salvo da ruína de meu eu externo e pela revelação da Grande Luz". Inclinei a cabeça com profunda humildade e respondi:

"Agradecei a Deus. Eu sou apenas o canal. Deus, só, é a Grande Presença e Poder que faz bem todas as coisas". A

Senhora Atherton voltou-se para mim e expressou seus sentimentos:

"Louvo e agradeço a Deus em vós pela Poderosa Presença Protetora, e nunca em minha vida deixarei de agradecer a Deus e a vós pela Luz que essa experiência nos trouxe a todos".

"Tenho certeza de que nos encontraremos de novo", respondi, e despedindo-me de todos, voltei o rosto uma vez mais para o monte Shasta, chegando ao meu apartamento na tarde do dia seguinte.

Duas semanas mais tarde, senti um forte impulso para fazer mais uma excursão ao meu ponto de encontro com o Mestre Saint Germain. Parti às quatro da manhã e alcancei a orla do espesso bosque cerca das nove horas.

Mal penetrara uns vinte passos dentro da mata, quando o grito plangente de minha amiga pantera chegou-me aos ouvidos. Respondi imediatamente. Num momento, veio ela saltando para junto de mim, com toda a satisfação de um velho amigo, e continuamos a caminhar para o nosso ponto de encontro.

Notei que a pantera estava muito inquieta, procedendo como que influenciada por uma agitação interior. Era coisa fora do comum, pois sempre se mantivera muito calma, quando em minha presença. Acariciei-lhe a linda cabeça, sem contudo conseguir acalmá-la. Sentei-me para almoçar.

"Vem, velha amiga", disse-lhe quando acabamos, "vamos dar um passeio". Ela me lançou um longo e firme olhar, a expressão mais patética que eu jamais vira. Não pude compreendê-la.

Tínhamos vencido uma certa distância, quando chegamos a um penhasco de cerca de quatro metros de altura, de cujo cimo pendia uma rocha que se projetava para adiante. Alguma coisa fez com que eu olhasse para a pantera. A expressão de seus olhos era selvagem e feroz. Senti uma espécie de tensão na atmosfera, mas não percebi de que se tratava. Avancei uns passos mais e senti um calafrio percorrer-me o corpo. Olhando repentinamente para cima, vi uma suçuarana agachada, pronta para saltar. Lançou-se imediatamente em direção a mim. Atirei-me de encontro ao penhasco e a onça caiu um pouco além do lugar onde eu estivera. Como um relâmpago, a pantera saltou e as duas travaram combate mortal.

Não há palavras que possam descrever o terror da luta que se seguiu. Elas gritavam, rolavam e se dilaceravam com as garras. A suçuarana era consideravelmente mais pesada e pareceu, por algum tempo, que levava vantagem. A pantera, entretanto, era mais ágil e finalmente desvencilhou-se. Houve apenas um instante de pausa até que ela viu a oportunidade de um salto, atirou-se no dorso de sua inimiga, cravando-lhe os dentes atrás das orelhas.

As garras da pantera eram como aço e depois de alguns segundos de rolarem atracadas, o esforço da suçuarana tornou-se cada vez mais fraco. Finalmente ambas cessaram por completo. A pantera veio cambaleando para junto de mim com os flancos horrivelmente dilacerados. Olhou-me, volvendo para cima os olhos, de onde toda a ferocidade havia desaparecido, e suas forças se esgotaram rapidamente. Deixou transparecer uma expressão de contentamento e subitamente, dando um grito plangente, caiu morta a meus pés.

Fiquei imóvel e chorei em silêncio a perda de minha amiga, porque me tornara afeiçoado a ela quase como a um companheiro humano. Logo em seguida olhei para cima e vi Saint Germain a meu lado, que me disse:

"Amado Irmão, não fiqueis triste ou desanimado; vosso contato com a pantera acelerou-lhe de tal modo a consciência, que ela não poderia permanecer por mais tempo em seu corpo atual, e a Grande Lei Cósmica exigiu-lhe algum serviço em benefício vosso. Este ela vô-lo prestou em amor, salvando-vos a vida. Tudo está verdadeiramente bem". Tocou-me, então, a testa com o polegar da mão direita.

"Ficai em paz", continuou, ao mesmo tempo que o

sentimento de pesar me abandonava e eu me sentia completamente aliviado. "A Grande Lei Cósmica não falha. Não podemos receber sem dar, assim como não podemos dar sem receber. Desse modo, é mantido o grande equilíbrio da Vida."

"Congratulo-Me sinceramente convosco pelo serviço prestado na mina e pela vossa serenidade durante os acontecimentos. Todos os que tomaram parte naquele episódio tornar-se-ão grandes auxiliares da humanidade."

"Brevemente sereis chamado a prestar serviço muito maior do que qualquer outro que prestastes até agora. Quando a ocasião for chegada, lembrai-vos sempre de que o que atua é o poder e a inteligência de Deus, sendo vossa mente e vosso corpo apenas o canal. Até que vos encontreis ante essa experiência vindoura, meditai constantemente no poder ilimitado de Deus, que através de vós pode expressar-se a qualquer tempo".

Perguntei-Lhe qual é a atitude do Mestre Ascensionado em relação aos numerosos canais pelos quais a verdade parcial é divulgada. Respondeu-me Ele:

"Há muitos canais sinceros. Alguns têm mais compreensão que outros. São todos filhos de Deus, servindo do melhor modo possível, de acordo com a compreensão que têm no momento. Não podemos julgar ninguém; devemos reconhecer e ver só Deus expressando-se em tudo. Nosso esforço é abençoar toda atividade, onde quer que ela se realize. Vemos a Luz Interior irradiar-se através de tais atividades e isso torna impossível nos enganarmos quanto a expressarem ou não a verdade.

"O mesmo sucede no que concerne aos indivíduos. Os que oferecem seus serviços em nome do Ascensionado Jesus Cristo receberão sempre mais do que o normal Poder Sustentador".

Tínhamos percorrido uma pequena distância, quando Ele disse:

"Vinde, Eu vos acompanharei até a casa. Ponde o braço em Meu ombro". Assim o fiz e senti meu corpo erguer-se do solo. Dentro de poucos momentos eu estava em meu quarto, no chalé, tendo Saint Germain de pé a meu lado, sorrindo de minha surpresa.

"Queira encontrar-Me daqui a sete dias no local de costume", disse Ele, "para então terminarmos nosso trabalho nesta parte do país". A última coisa que permaneceu visível, enquanto Ele gradualmente desaparecia, foram Seus belos, maravilhosos olhos sorrindo para mim.

Enquanto eu meditava diariamente sobre a Grande Presença Divina Interior, preparando-me para a minha missão vindoura, compreendia cada vez melhor como é importante manter a atenção concentrada sobre aquela única Presença – quaisquer que sejam as aparências – a fim de impedir que alguma condição externa pudesse me afetar. Em uma das palestras de Saint Germain, havia Ele acentuado particularmente toda a importância de conservar meu eu exterior harmonioso, dizendo a respeito:

"Meu filho, não podeis imaginar como é grande a necessidade de harmonia no eu exterior, uma vez que a plenitude da Perfeição e do Poder Interno deve ser expressa em vossa vida externa. Também é de extrema importância manter um sentimento de paz, Amor e serenidade no eu pessoal, sempre e em quaisquer circunstâncias, porque quando isso acontece, a poderosa Presença Interior de Deus pode atuar imediatamente e sem limites.

"A expansão contínua de um sentimento de paz e Amor Divino para todas as pessoas e coisas, incondicionalmente, não obstante julgueis ser isso merecido ou não, é a 'chave mágica' que abre a porta e liberta instantaneamente esse tremendo poder do Deus Interno. Feliz, realmente, é aquele que aprendeu essa Lei, porque então procura ser todo paz e Amor. Sem isso, a humanidade nada tem de bom e com isso tem todas as coisas perfeitas. Harmonia é a nota-chave, a

Grande Lei Una da Vida. Sobre Ela repousa toda a manifestação perfeita e sem Ela todas as formas se desintegram e voltam para o grande oceano de Luz Universal".

Durante os sete dias que se seguiram, passei muito tempo em meditação. Senti crescer dentro de mim uma paz cada vez maior, de tal modo que no sexto dia, pareceu-me como se minha consciência inteira fosse um grande mar calmo.

Na manhã do sétimo dia, deixei meu chalé às quatro horas, chegando ao ponto de encontro às dez e meia. Sentei-me num tronco para esperar, com um sentimento de maravilhosa exaltação, que eu sabia ser resultado de minha meditação. Estava tão absorto na contemplação de meu Deus Interno, que não percebi a aproximação de ninguém, quando uma voz me falou.

Levantei os olhos e vi um ancião de barbas e cabelos brancos, que à primeira vista pensei ser um velho prospector, embora suas vestes estivessem limpas demais para essa ocupação. Quando ele se chegou e me estendeu a mão, tive confirmada a minha impressão: não era a mão de um operário. Trocamos cumprimentos, conversamos por alguns momentos sobre generalidades, até que ele me disse:

"Meu amigo, desejaria contar-vos uma história que não vos tomará muito tempo. Há muito não a conto a ninguém. Gostaria de tentar uma vez mais".

Nesse momento, começou a surgir em mim um forte interesse. Ocorreu-me que meu interlocutor pudesse estar com sede e enquanto eu procurava um copo para lhe dar de beber, da fonte junto à qual estávamos, formou-se em minha mão uma taça de cristal semelhante àquela que Saint Germain por várias vezes me apresentou. O velho olhou para mim e, com os olhos brilhantes de excitação, disse, quase gritando: "É ele! É ele!"

Não sabendo o que fazer, insisti para que bebesse. Quando olhei para dentro da taça, vi que estava cheia do mesmo líquido claro e brilhante que o Mestre me havia dado. O velho apoderou-se dela com avidez, e com uma intensa expressão da mais profunda gratidão que eu jamais vira, bebeu-lhe o conteúdo. Tornou-se, imediatamente, muito calmo e sereno, manifestando, ao mesmo tempo, profunda e intensa sinceridade. Pedi-lhe que me contasse sua história, e ele começou, dizendo:

"Meu pai era oficial britânico estabelecido no Punjab, na Índia, onde tínhamos nosso lar. Quando eu tinha 16 anos, ele financiou um amigo seu que partiu para a África do Sul, a fim de tentar a sorte nas minas de diamante, sem que meu pai recebesse, depois disso, qualquer notícia dele."

"No ano em que completei vinte anos, um estrangeiro alto e belo, homem de grande sabedoria, visitou meu pai em nossa casa. Ele trazia uma mensagem do amigo de meu pai."

"'Trago-vos notícias', explicou, 'do amigo a quem financiastes há quatro anos passados. Ele foi muito bem sucedido nessa aventura, tornando-se muito rico. Morreu recentemente nas minas e não deixou parentes. Toda a sua fortuna foi deixada para vós, devendo passar às mãos de vosso filho no caso de vossa morte. Se desejardes, eu me encarregarei do assunto dessa transferência'."

"'Não posso deixar a Índia no momento, porque estou aqui em missão do Governo'," respondeu meu pai. "'Aprecio grandemente vossa oferta de vos encarregardes da questão por mim'." Eu estava perto durante essa conversa e quando eles chegaram a um acordo, o estrangeiro disse-me:

"'Meu filho, quando encontrardes um homem que vos ofereça uma taça de cristal cheia de um líquido brilhante, tereis achado aquele que vos pode ajudar a fazer a Ascensão de vosso corpo. Não posso dizer-vos mais do que isso, senão que haveis de encontrá-lo numa grande montanha da América do Norte. Isso pode parecer vago presentemente, mas é tudo que me é possível dizer'."

"O estrangeiro partiu e um mês mais tarde, meu pai, que

viajava para ajustar certos negócios do governo com os nativos, foi baleado e morreu antes de ser levado para casa. Eu era filho único e, passado um mês, preparamo-nos, minha mãe e eu, para regressar à Inglaterra. Justamente antes de nossa partida, veio de novo o mesmo estrangeiro e disse que estava pronto para transferir a fortuna de meu pai para mim. Contei-lhe que meu pai tinha sido baleado e morto."

"'Sim'," respondeu o estrangeiro, "'quando parti, há dois meses, sabia que seu pai morreria antes de minha volta. Já providenciei para que a fortuna seja transferida para vós, ou antes, para o Banco da Inglaterra, à vossa disposição. Aqui está o dinheiro de que podeis precisar na viagem de volta, e os documentos da transferência, bem como as credenciais de que tereis necessidade junto ao banco. Apresentai-as e recebereis custódia de vossa fortuna. Grande parte dela é representada por diamantes de primeira qualidade'."

"Agradeci e ofereci pagamento pelos seus serviços, mas ele respondeu:

" 'Vossa bondosa intenção é muito louvável, mas isso já está ajustado. Sentir-me-ei feliz em acompanhar-vos até o navio em Bombaim'."

"A viagem revelou-me sua grande sabedoria e a seu lado eu me senti como uma criança. Sei agora que ele me envolveu em uma irradiação que permaneceu comigo pelos anos afora. Providenciou sobre o passaporte, acompanhou-nos até o navio, e suas últimas palavras para comigo foram estas:

"'Lembrai-vos – a taça de cristal. Procurai e achareis'."

"Depois de uma viagem magnífica, chegamos a South Hampton. Fomos para Londres, onde apresentei minhas credenciais ao Banco da Inglaterra. O funcionário que me atendeu observou:

"'Sim, nós o esperávamos hoje. Aqui estão seu talão de cheques e a caderneta do banco'."

"Examinei-os para ver a quanto montava minha fortuna, e

fiquei espantado ao saber que havia cem mil libras depositadas a meu crédito. Cinco anos mais tarde, faleceu minha mãe. Transferi metade de minha fortuna para um banco de New York e comecei a procurar o homem com a taça de cristal."

"Nunca poderei reproduzir os desapontamentos, as provações e a tristeza que experimentei, mas, apesar de tudo, por alguma razão, nunca desisti. O fato que me parece mais estranho é que, enquanto envelheço na aparência externa, minha energia e minhas forças são grandes como nunca, e algumas vezes eu as considero maiores do que na plenitude de minha mocidade."

"Minha idade – setenta anos. Hoje senti necessidade de enveredar por este caminho e louvo a Deus por vos ter encontrado. Meu desejo era tão grande... era quase irresistível!"

"Mas meu bom homem, que hei de fazer por vós"? – perguntei.

"Haveis de saber", respondeu, "porque sei que não me enganei. No coração desta majestosa montanha há um grande poder. Eu o sinto. Pedi a Deus que vos mostre o que deveis fazer."

Subitamente senti a poderosa energia de Deus invadir-me tão fortemente, que quase me levantou do chão. Fazendo o sinal que Saint Germain me ensinou, pedi Luz a Deus e, erguendo minha mão em saudação, disse:

"Poderoso Deus no homem e no Universo! Procuramos Tua Luz! Procuramos Tua Sabedoria! Procuramos Teu Poder! Seja feita a Tua vontade em benefício deste meu Irmão, que me procurou e me encontrou para fazer por ele o que não sei fazer. Tu sabes! Manifesta Tua vontade através de minha mente e de meu corpo, e permite que apareça o que deve ser feito por este Irmão – Teu filho".

Quando minha mão desceu, sustinha a taça de cristal cheia de Luz Líquida Viva. Ofereci-a a meu companheiro e meu poderoso Deus Interno falou novamente:

"Bebe sem temor. Tua busca está terminada".

Ele bebeu, sem um momento de hesitação. Ligeiro, dei um passo à frente e segurei-lhe ambas as mãos. Lenta e progressivamente, todos os vestígios da idade desapareceram dele e Deus em mim continuou:

"Vê! Estás para sempre livre de todas as limitações terrenas. Ascensiona agora para a Grande Hoste de Luz, que te espera".

Muito lentamente, ele começou a elevar-se do chão; enquanto isso, seus trajes humanos iam desaparecendo, e ele ia sendo vestido em roupagem de uma alvura resplandecente. Soltei suas mãos. Então, numa voz do mais profundo amor, disse-me:

"Voltarei a ti, amado Irmão. Bem recompensado serás por este serviço transcendente. Eras a única pessoa através de quem isso poderia ser feito para mim. Algum dia verás por quê." Com um sorriso feliz, ele desapareceu num radioso caminho de Luz.

Quando a poderosa força de minha Presença retrocedeu, estava eu tão aturdido que caí de joelhos e ofereci a mais profunda oração de minha vida em grata humildade e louvor pelo privilégio de prestar tal serviço.

Levantei-me e o Mestre Saint Germain recebeu-me em Seu maravilhoso abraço.

"Meu amado Irmão", disse-me, "estou muito satisfeito. Nobre e leal foi vosso apoio ao Grande Deus Interno em vós. Com grande beleza recebestes vosso poderoso Deus em Ação. Eu vos felicito. Permanecereis sempre dentro de Nosso abraço, ainda que, exteriormente, nem sempre tenhais percepção disso.

"Vós vos tornastes um digno mensageiro da Grande Fraternidade Branca e da Hoste Ascensionada. Mantende-vos junto de vosso poderoso Eu Divino. Assim estareis sempre pronto para prestar serviço em qualquer parte e para qualquer fim requerido. Meu Amor vos envolve. Eu vos informarei quando houvermos de nos encontrar outra vez".

Vagarosamente encetei o caminho de volta para o chalé, louvando e agradecendo, a cada passo, ao poderoso Deus Uno, que nos modela a todos em eterna Perfeição.

Capítulo IX
VÊNUS VISITA ROYAL TETON

Passaram-se muitas semanas. Veio a manhã de 31 de dezembro de 1930, e com ela – o Mestre Saint Germain.

"Aprontai-vos para as sete horas da noite", determinou Ele, "e virei buscar-vos. Focalizai a atenção, tanto quanto possível, na glória do Deus Interior em vós mesmo, para que possais receber totalmente o benefício que vos será concedido nessa divina oportunidade. Lembrai-vos de vosso Raio Gêmeo e de vosso filho, pois sereis vós três os hóspedes de honra da Irmandade de Royal Teton em sua Assembléia de Ano Novo, esta noite".

Passei o resto do dia em profunda meditação. Ele chegou às sete horas e como eu já tivesse posto meu corpo físico no leito, saí no que Ele me havia preparado.

"Esta noite", continuou, "será tentada uma experiência que há mais de setenta mil anos não se realiza. Temos plena confiança no sucesso, na ocasião atual, porque estamos todos bem preparados. Vinde".

Devíamos ter viajado em grande velocidade, sem que eu percebesse, e dentro em pouco estávamos no cume de Royal Teton, onde uma espessa camada de neve, cintilante ao luar, fazia-o brilhar como milhões de diamantes. Quando nos aproximamos da entrada do tubo, notei uma clareira em volta, num raio de trinta metros, pelo menos. Ao penetrarmos nele, encontramos um ambiente aquecido e confortável. Atravessamos o vestíbulo, que fora aberto para aqueles que eram esperados à comemoração do Ano Novo.

Saint Germain e eu entramos no grande salão de audiências e encontramos Lótus e nosso filho, que já haviam chegado com seu escolta, Amen Bey. Nossa alegria, nessa ocasião, foi enorme, e durante esse tempo, quando trabalhávamos fora do corpo material, cada um de nós estivera ocupado com as suas atividades individuais, que exigiam nossa permanência em diferentes canais nos Planos Internos.

A grande sala estava brilhantemente iluminada e a deliciosa fragrância de rosas e botões de lótus enchia o ar. A mais suave e encantadora música flutuava por toda parte. Muitos já haviam chegado e outros chegavam a cada momento.

Notamos que um grande objeto, coberto com tecido de ouro, fora colocado no meio da sala, mas como não nos fosse dada qualquer explicação a respeito, permanecemos silenciosos. Saint Germain apresentou-nos aos hóspedes e depois nos levou a uma sala cheia de raros instrumentos de música. Vimos um grande órgão e quatro harpas feitos de uma substância semelhante à pérola, com pilares de ouro; as caixas de ressonância e as partes superiores eram feitas de metal branco. As cordas agudas das harpas eram de prata torcida; as graves de ouro, e o material de que eram feitos tais instrumentos emitia um tom que combinava os sons produzidos por metal, madeira, e pela voz humana. O timbre desses instrumentos só pode ser avaliado quando ouvido, pois difere de qualquer coisa que jamais tenha sido produzida no mundo externo da música, no Ocidente. O som produzido por esse material singular assemelhava-se mais de perto a alguns dos maravilhosos sons do *esraj*, instrumento usado na Índia.

Vimos quatro violinos, feitos também de uma substância que parecia pérola, cuja ressonância, no entanto, está muito além de qualquer madeira conhecida. As cordas eram enroladas com ouro e prata e produziam uma beleza de som, além de qualquer descrição. Ouvimos todos esses instrumentos mais tarde, naquela noite.

Voltando ao Grande Salão de Audiências, Saint Germain mostrou a Lótus e a nosso filho os belos retratos que haviam sido transferidos, um pouco antes, do templo de Mitla, em Oaxaca, no México. Acompanhou-os à sala dos arquivos, onde lhes foi feita a demonstração de minhas anteriores experiências com Ele.

Para o trabalho que se realizava durante essa celebração de Ano Novo, todos os membros de Royal Teton estavam vestidos com simples mantos áureos, de um material deslumbrante, e o emblema da Fraternidade do lado esquerdo do peito, bordado de tal modo que dava a impressão de veludo azul-escuro, na mesma tonalidade do grande painel que formava o Espelho Cósmico.

Havia setenta homens, trinta e cinco mulheres e o Mestre-Presidente, Lanto, que é o abençoado Irmão encarregado desse retiro. Quando estavam todos reunidos, adiantou-se e, dirigindo-se a eles, disse:

"São agora onze horas; é o momento de nossa meditação. Esta noite façamos verter nossa adoração para a Grande Luz, sentindo-Nos unos com Nossa própria Divindade por trinta minutos, e durante os trinta minutos seguintes, compenetremo-nos da unidade de Vênus com a nossa Terra. Tomai todos, os vossos lugares de costume e formai uma elipse no centro da sala".

Por uma hora, foi como se cento e seis figuras de ouro estivessem unidas em uma só respiração, tão uníssonas se encontravam. Ao terminar a meditação, prorrompeu uma alegre música enchendo o imenso salão, e Lanto dirigiu-se para a frente do Grande Espelho.

Ele estendeu as mãos e um tremendo clarão de Luz resplandeceu sobre o Espelho, revelando um grupo de pessoas a grande distância, cercadas de Luz cor de ouro, rosa e violeta, deslumbrantes em sua beleza e irradiação. Elas se aproximaram e as mesmas gloriosas e magníficas cores encheram a Grande Câmara de Audiências, comunicando a todos uma extraordinária sensação de exaltação e poder.

Daí a pouco, doze visitantes de Vênus encontravam-se em nosso meio, vestidos de roupagens brancas e cintilantes que ultrapassavam toda e qualquer possibilidade de descrição. Havia sete cavalheiros e cinco damas, todos extremamente belos.

Seis dos homens tinham, no mínimo, um metro e noventa centímetros de altura e o sétimo era precisamente cinco centímetros mais alto que os outros. As damas tinham cerca de um metro e setenta e cinco. Todos possuíam cabelos castanho-claros, com exceção do Mestre alto, cujos cabelos eram de um maravilhoso e puro ouro. Seus brilhantes e penetrantes olhos, de um profundo azul-violeta, eram fascinantes.

O Mestre alto fez a saudação do Oriente, tocando o coração e a testa com a ponta dos dedos da mão direita, e inclinou-se diante de Lanto. Os outros também se aproximaram, saudaram-no e foram apresentados aos Membros da Assembléia. Lanto fez um breve discurso de boas-vindas, do qual somente a parte que se segue é permitido divulgar:

"Na presença do Supremo Deus Uno e dos Membros da Grande Fraternidade Branca aqui reunida, esses doze visitantes de Vênus são nomeados 'Membros da Fraternidade de Royal Teton' ".

O Mestre alto foi instituído Mestre-Presidente da reunião. Ele agradeceu o discurso de recepção, encaminhou-se para o centro da sala e fez com que fosse removido o pano de ouro que cobria os objetos.

Oh! Eis aí! Diante de nós estavam os três esquifes de cristal contendo os corpos conservados de Lótus, de nosso filho e o meu. Tinha-se a impressão de que suas formas há pouco haviam adormecido, animadas de perfeita saúde. O Mestre-Presidente voltou-se para nós e perguntou:

"Estais prontos?" – ao que respondemos afirmativamente.

"Tomai, então, vossos lugares perto dos esquifes", ordenou.

Obedecemos. Imediatamente uma irradiação maravilhosa concentrou-se, cercou de perto os corpos e a nós mesmos, aumentando rapidamente de intensidade, a tal ponto que deveríamos estar invisíveis para a vista externa. Em poucos momentos a irradiação diminuiu e, para espanto nosso, os esquifes estavam vazios. Permanecemos ali, vestidos com aqueles corpos que deixáramos de lado havia tanto tempo, e que tinham sido sustentados e purificados pela "Chama de Vida" durante todos esses séculos.

A transformação foi assombrosa e a sensação não pode ser descrita, porque estávamos tão surpresos como certamente estará o leitor. O lado humano de qualquer um, entretanto, por melhor que seja, muito pouco conhece das formidáveis maravilhas que existem por toda parte em volta de nós, em qualquer tempo, bem como das infinitas possibilidades no âmago de cada plano de vida, onde todas as coisas são realizáveis. E quanto mais estreitamente vivermos em Amor e reconhecimento a nossa Divindade, tanto mais reveladas serão essas maravilhas por toda a Criação, em nossas vidas individuais.

O êxito da experiência foi completo, e enquanto nos movíamos entre Irmãos e Irmãs, todos felicitavam o Mestre, como também a nós, pela execução. Todos se rejubilaram com o fato de que tão estranha experiência se tivesse convertido numa poderosa verdade, muitos comentando a grande semelhança entre aqueles corpos e os dos visitantes de Vênus.

Os esquifes de cristal foram então levados para a sala respectiva, e os admiráveis instrumentos musicais conduzidos para a sala de audiências. Saint Germain executou o primeiro número no grande órgão, composição que Ele denominou "Corações do Futuro". Pareceu-me a música mais delicada, colorida e ao mesmo tempo poderosa que jamais tinha sido produzida por um órgão na Terra. Enquanto Ele tocava, as mais belas cores, de esplendor indescritível, espalhavam-se pela atmosfera da enorme sala.

Um grupo executou o número seguinte. Com Saint Germain ao órgão, três das Mestras de Vênus e Lótus tocavam quatro harpas; dois dos Irmãos de Vênus, nosso filho e eu tocávamos quatro violinos. Quando estávamos todos prontos, as palavras "Almas em Êxtase" relampejaram sobre o órgão, enquanto Saint Germain tocava o prelúdio. Penetramos todos profundamente na plenitude e alegria dessa maravilhosa música. Seu volume e força alcançaram tal magnitude, que parecia que a beleza e a glória dessa alegria devessem emitir suficiente consciência de Deus para elevar toda a humanidade, como também a própria Terra – à eterna Perfeição.

Mais quatro números foram tocados, com o mesmo tremendo poder de conduzir elevação e harmonia a toda parte, até que sentimos como se a própria montanha fosse flutuar. Ao terminar a música, os instrumentos voltaram para o respectivo compartimento, e o Mestre-Presidente fez com que todos se sentassem na devida ordem, em frente ao Grande Espelho. Tomou lugar no vértice do triângulo da Terra, e cenas maravilhosas de Vênus começaram a aparecer, enquanto Ele explicava todos os detalhes impossíveis de interpretar.

Os quadros revelaram muito do sistema de educação naquele planeta, mostrando instrumentos astronômicos cuja perfeição tornaria mudo de espanto e admiração o mundo científico de hoje, bem como o equipamento geológico para examinar o interior do estrato dos planetas, tanto de Vênus como da Terra. Vimos inventores e muitas de suas tremendas descobertas, ultrapassando a nossa mais extravagante imaginação.

"Muitas dessas invenções", explicou o Mestre, "serão usadas na Terra, na Idade do Cristal de Ouro*, em que entramos agora".

Algumas das principais invenções que deverão ser

---

* Em certas circunstâncias, o ouro se desenvolve na natureza sob a forma de cristal, que é seu estado aperfeiçoado.

utilizadas na Terra foram, então, exibidas, e se a humanidade pudesse vê-las, ficaria encorajada e enormemente animada em relação ao futuro. É possível que esses quadros de Vênus possam ser tratados e descritos mais tarde, numa obra à parte, desde que para isso se obtenha permissão.

Terminaram as cenas de Vênus e começaram a aparecer na tela as que diziam respeito à Terra. Foram exibidas muitas mudanças que se devem operar dentro dos próximos setenta anos. Referiam-se à Europa, à Ásia, à Índia, à América do Norte e do Sul, revelando-nos que, não obstante todas as aparências da época presente, a força sinistra, que tenta criar o caos e a destruição por todo o mundo, será completamente destruída. Quando isso se realizar, a massa da humanidade se voltará para a Grande Presença de Deus que está dentro de cada coração, e que também governa o Universo. **A Paz reinará na Terra, e o homem irradiará boa vontade para com o homem.** Essa revelação foi estupenda. As cenas do encerramento prosseguiram e se referiram principalmente aos Estados Unidos no século vindouro. É quase incrível o progresso e adiantamento que essa nação vivenciará.

Essas coisas são verdadeiras, porque a Grande Lei de Deus não se engana, e as revelações desta noite de Ano Novo são eternos e autênticos registros de Deus.

Foram mostradas algumas grandes almas que despertarão, serão elevadas e se juntarão à Hoste dos Ascensionados para levar avante esse grande progresso. O Mestre-Presidente fez, então, lembrar aos presentes os abençoados Kumaras, e com voz cheia de amor e adoração, deu-lhes a seguinte explicação em Seu tributo:

"Os Sete Kumaras, que alguns estudantes do Interno conhecem como 'Senhores da Chama' vindos de Vênus, foram os únicos, em todo este sistema planetário, que, por Sua livre vontade e infinito Amor, ofereceram-se para guardar os filhos da Terra e ajudá-los em seu progresso

ascensional. Vieram e prestaram aqui auxílio transcendente no período mais crítico do crescimento da Terra. Foi no tempo da Iniciação, que é o mais perigoso na vida de um planeta e sua humanidade, mas, através de tal proteção e orientação, foi alcançada a meta, e a humanidade habilitada a atingir 'maiores alturas'."

"Muitos dos Irmãos sabem que, em cada vinte e cinco séculos, os Kumaras liberam uma energia grandemente aumentada de Amor Cósmico, Sabedoria e Energia. Essa Luz flamejante, essa irradiação transcendente, inundando a Terra e seus habitantes e tudo interpenetrando, é um poderosíssimo processo de elevação, impulsionando o crescimento da Terra inteira, bem como da humanidade.

"Justamente antes de cada uma dessas grandes efusões, ocorrem extraordinárias perturbações físicas, e uma inquietação geral é sentida pelo povo, em todo lugar. Tais perturbações são devidas à discórdia acumulada durante o período precedente. A formação dessa desarmonia é proveniente, sempre, do desvio do Princípio Fundamental de Vida, e a agitação dos sentidos humanos, assim criada, polui a atividade externa da humanidade, da Terra e de sua atmosfera.

"É para limpar isso e fazer a humanidade voltar à original pureza de vida, que tem lugar a ação cataclísmica. Em seguida a esses períodos é que os Kumaras liberam um poderoso derramamento de Luz, para iluminar e fortalecer os filhos da Terra, habilitando-os, finalmente, a efetuar a Suprema Realização.

"Estamos nos aproximando de um outro período como esse, desta vez pela liberação do Grande Amor Cósmico, da Sabedoria e da Energia. Os poderosos raios de Luz não só estimularão as mentes da raça, como também a estrutura atômica da Terra, tornando-a mais luminosa no nosso sistema solar. Nunca, desde que esses Grandes Senhores da Chama vieram à Terra, as condições permitiram que se cumprisse tamanho extravasamento como o que proximamente se dará. Muitos dos que aparentemente se tornaram endurecidos por suas atividades anteriores, despertarão quase como se fosse de um dia para o outro, e sentirão a proximidade da Grande Presença de Deus dentro do próprio coração. Outros, que têm sido mansos e humildes, tendo-se mantido perto da Presença Interior, resplandecerão subitamente, assombrando a si próprios e aos outros – pela Luz transcendente que manifestarão. Tudo será feito pelo poder de Deus-Amor, e a humanidade começará realmente a perceber que constitui o auge da insensatez uma parte da Criação de Deus guerrear contra a outra."

"O desejo de tornar felizes os outros, em lugar de si próprio, entrará quase que involuntariamente nos corações dos humanos, e emitirá uma Luz que iluminará o resto do caminho para a Perfeição."

"Só o egoísmo mantém os filhos desta esfera na escravidão e miséria que lhes foi permitido exprimir sobre a Terra, mas quando a Luz do Cristo expande o Amor no coração, o egoísmo foge e volta ao mar do esquecimento."

"Grandes mudanças físicas naturais se realizarão. Dois grandes Centros de Luz derramarão sua bênção sobre a humanidade – um, a gloriosa e refulgente presença de Shamballa, em sua deslumbrante irradiação, e o outro aparecerá nos Estados Unidos, mas não onde alguns, até agora, foram levados a crer, e sim num ponto que ainda não foi revelado aos canais externos do mundo."

"Durante a presente atividade de assistência e intensa efusão de Luz, pela Grande Hoste Ascensionada que assiste os filhos da Terra, centenas de seres humanos notarão que seus atuais corpos físicos serão ativados pelo rápido aumento da velocidade vibratória e, feito isso, verificarão que as limitações físicas humanas e a discórdia terão desaparecido, qual velha roupa usada, e que eles, os Filhos da Luz, serão para sempre Um com a Chama de Vida Imortal, e a Perfeição da eterna juventude e beleza, uma visível e tangível realidade."

"Amados filhos da Terra, vós estais vivendo no limiar das idades, cuja porta é conservada aberta pelos Grandes Seres de Amor que vos convidam sempre a andar conscientemente a Seu lado, na Luz. Sejam quais forem as atividades do mundo externo, andai com a Luz e na Luz, indiferentes às aparências. Encontrareis, então, um Mestre de Luz que palmilhou essa mesma estrada antes de vós, sempre vigilante ao vosso lado, revelando o verdadeiro caminho."

"Muda-se o ciclo e nós entramos numa Nova Dispensação, que traz consigo um meio mais seguro, mais poderoso, e além disso, mais rápido, pelo qual aquele que trilha o caminho da Realização é capaz de manter contato permanente com a Grande Luz Cósmica."

"Nessa Nova Ordem, a disciplina para o neófito será focalizar e manter sua atenção inteiramente sobre os três mais elevados centros do corpo; ele fará todo o seu trabalho de acordo com esses pontos. Somente os centros do coração, da garganta e da cabeça hão de receber consideração e atenção consciente."

"Todo esforço do aspirante consistirá em manter a atenção nesses centros, porque somente desviando a atenção dos centros mais baixos, ele será capaz de elevar-se da miséria e da limitação. O centro do alto da cabeça é o mais elevado foco do corpo humano, e por onde penetra o Cordão Prateado de Luz Líquida Branca da Grande Fonte da Criação."

"Quando a atenção da mente está presa a esses

centros com firmeza, a porta da alma é aberta e a Tríplice Atividade da pura Luz Branca cerca a cintura precisamente abaixo do plexo solar, cortando para sempre as atividades destrutivas da natureza animal do homem. Isso permite que sua alma faça uma transição súbita para a sua completa atividade divina, unida uma vez mais à Perfeição de Sua Fonte, tornando-se, daí por diante, eternamente senhor de toda criação humana – o que significa a harmonia da Terra. Os estudantes sinceros deveriam meditar freqüentemente sobre a perfeita ação da Luz de Ouro dentro da cabeça, porque Ela iluminará e ensinará à mente externa todas as coisas boas. Essa é a Luz do Deus Interior. Cada um deve senti-La enchendo por completo sua consciência, seu corpo e seu mundo. Essa é *a Luz que ilumina toda pessoa que vem ao mundo*, e não há ser humano, na existência, que não tenha um tanto dessa Luz dentro dele."

"Por toda parte, na Terra, há muitos que estão despertando rapidamente e sentindo a poderosa onda dessa Luz Interior jorrar por intermédio deles, encontrando, assim, maior expressão. Se tais pessoas se mantiverem rigidamente harmoniosas, se conservarem incansavelmente sua atenção no próprio Deus Interior, aceitando e visualizando a plena atividade de Sua deslumbrante irradiação, poderão ser cingidos pela Tríplice Atividade da Luz Branca. Esta corta a criação discordante do mundo externo."

"Amados Irmãos e Irmãs, será para Nós grande alegria e privilégio encontrar Convosco nos meses de janeiro e julho de cada ano, aqui no Retiro de Royal Teton, por causa da aproximação e expansão da Luz Divina Onicontroladora, que em breve estará inundando a América de costa a costa."

"Agora, enquanto os esquifes de cristal estão sendo

trazidos, meditemos profundamente sobre a união entre Vênus e a Terra, a Onipresença da Divindade residindo na forma'".

Conservamo-nos em profundo silêncio por cerca de dez minutos, quando o Mestre-Presidente informou que nós três devíamos tomar nossos lugares ao lado dos ataúdes. Fez o sinal do coração e da cabeça, cruzou as mãos sobre o peito e invocou a Presença de Deus:

"Ó Tu, poderoso Criador do Universo e de tudo o que ele contém! Ó Tu, Deus Onipresente e Único! Nós esperamos a manifestação de Tua Grande Presença Beneficente".

Uma luminosa essência, suave e rosada, envolveu-nos e aos esquifes, fechando-se por sobre nós. Subitamente, um grande feixe de Luz Branca resplandecente penetrou a irradiação envolvente, permaneceu por três ou quatro minutos e gradualmente desapareceu de nossas vistas.

Quando olhamos para os ataúdes, os três corpos lá estavam dentro deles. Observando-nos reciprocamente, verificamos que estávamos de novo vestidos com os corpos que o Mestre Saint Germain havia preparado para nós – a fim de que estivéssemos em condições de comparecer à Grande Assembléia em Royal Teton.

O Mestre-Presidente abençoou os que estavam reunidos, a "Irmandade de Royal Teton" e todas as coisas da Terra, prometendo estar com Eles novamente no mês de julho seguinte.

Os Doze de Vênus tomaram, então, Seus lugares sobre o círculo no chão da sala de audiências.

Toda a montanha tremeu com o vigoroso Poder de Deus que Eles atraíram, e a Luz assim focalizada tomou a forma de uma enorme águia, cujo corpo era de cor violeta, a cabeça e os pés de ouro. O salão inteiro encheu-se de uma reluzente Luz Branca, formando a extremidade de um grande caminho de Essência Luminosa, pelo qual os Doze Seres Radiosos voltaram à Sua morada, em Vênus.

A visão suprema, para a qual olhavam todos os que estavam ali reunidos, excede o que quer que as palavras possam descrever. Quando decresceu a grande atividade vibratória, uma esplêndida irradiação cristalina iluminou o Espelho Cósmico, e as palavras: **"PAZ E ILUMINAÇÃO PARA TODA A TERRA E SEUS HABITANTES. BÊNÇÃOS DE VÊNUS"** apareceram em sua superfície.

Cada um dos presentes tocou o coração e a cabeça, cruzou as mãos sobre o peito e se inclinou em sinal de aceitação da poderosa Torrente. Todos passaram diante de Lanto e receberam instruções individuais para o trabalho do ano de 1931, sentando-se, então, em profundo silêncio, para a adoração à Grande Luz. No fim da meditação, uma gloriosa eclosão de música encheu a grande sala e as cabeças se inclinaram para receber Sua bênção. Sua voz clara, bela, sonora, ressoou pelo espaço:

"**'Nada há de supremo senão Deus. Nada há de eterno e real senão o Cristo. Nada há de verdadeiro senão a Luz. Esses Três são Um. Tudo o mais é sombra. Lembrai-Vos de que as sombras encobrem, desviam e fazem a humanidade tropeçar.'"**

"**'Aquele que trilha o caminho da Luz, permanece fiel ao Cristo e olha sempre para Deus, vive num mundo próprio, insensível ao turbilhão fervilhante que o rodeia, trabalhando, todavia, dentro dele enquanto perduram as sombras. Sobre estas projeta sua Luz, obrigando-as a passarem ao mar do esquecimento'."**

"**'Não há felicidade à parte da contemplação e adoração do Grande Deus Único, a fonte de tudo. Nada há permanente senão o Cristo. Nenhum caminho há para prosseguir através do Universo que não seja o Caminho da Luz'."**

"'Se Vos fortalecerdes com essa eterna compreensão da

Vida, se jurardes fidelidade unicamente à vossa Fonte – Deus – permanecendo leal ao Cristo, e carregardes a Luz, aceitareis como Vosso Código de Honra a obrigação de amar e abençoar a Vida, seja qual for a forma em que ela possa se estar manifestando, onde quer que a encontreis. Esse é o eterno Plano da Existência e quem quer que o conheça pode dirigir-se a qualquer parte do Universo, explorar tudo o que ele contém, e não obstante, ser insensível a quaisquer sombras que a humanidade tenha criado, no esquecimento de Sua origem.

"'**Só Deus é Grande, e somente à Fonte de toda a Grandeza pertence toda a glória. Aquele que conhece unicamente sua Fonte e recusa tudo o mais, é sábio, realmente, porque se torna felicidade permanente e é Mestre onde quer que vá'.**"

"'**Então, e só então, pode ele tornar-se um Criador de Mundos. Sobre estes espalha sua felicidade e nessa atividade vive, realmente, o Plano Divino para todos'.**"

"'**Membros da Fraternidade de Royal Teton! Revelai esse Plano aos transviados filhos da Terra. Derramai Vossa irradiação sobre as sombras que eles próprios criaram e indicai-lhes o caminho do Grande Sol Central – nossa Origem Transcendente. Minha Luz Vos envolve, Meu Poder Vos ergue e Meu Amor alenta, através de Vós, aqueles que procuram seu lar na Luz'.**"

"**Querida humanidade, possa esta mesma poderosa irradiação derramar sua Luz para vos iluminar, curar e abençoar com esse Divino Amor que sempre a todos conservará estreitados no eterno abraço da Una e Suprema Luz.**"

"**América, Deus vos abençoe e vos revista agora com a imorredoura Luz sem sombra.**'"

FIM

Anotações

Anotações

Anotações

Impressão:
Motta e Fernandes Consultoria Empresarial e Editora Ltda – ME
motta@mottaefernandes.com